LO VAS A LOGRAR

50 DEVOCIONALES MATUTINOS Y VESPERTINOS PARA CALMAR TU MENTE, AQUIETAR TU CORAZÓN Y EXPERIMENTAR LA SANIDAD HOY

Lysa TerKeurst

GRUPO NELSON
Desde 1798

Traducción: *Marina Lorenzin*
Adaptación del diseño al español: *Deditorial*

ISBN: 978-1-40033-649-4
eBook: 978-1-40033-650-0
Audio: 978-1-40033-651-7

Número de control de la Biblioteca del Congreso: 2022949650

Impreso en Canada
24 25 26 MAR 4 3 2

Este libro está dedicado a uno de mis lugares favoritos para ir cuando mi alma necesita respirar y mi corazón sanar.

Para Bald Head Island, Carolina del Norte:

Quería capturar el lugar donde mi vida se cruzó con tu impresionante belleza, tan sencilla y a la vez tan vasta. Desde el primer momento en que tomé el ferri en tu puerto, parecías susurrarme: «Bienvenida a casa. Lo vas a lograr». Las huellas de Dios son especialmente notables para mí en todo lo que él creó en tu isla. Y todo aquel que se detenga lo suficiente puede experimentar su presencia.

Me has ayudado a sanar las partes más sensibles y sagradas de mi corazón. Es como si supieras que necesitaba ver que tú también has sobrevivido a las tormentas más feroces y sigues en pie tan hermosa como siempre. Esa revelación me ayudó a sentirme lo suficientemente segura como para volver a reír, volver a tener esperanza y volver a encontrar la alegría de construir tanto castillos de arena como sueños.

Todas las fotografías de este libro se tomaron en Bald Head Island y significan algo muy especial para mí. Si alguna vez tienes la oportunidad de visitarla, y espero que así sea, asegúrate de saludar en mi dirección. Y ante la duda, definitivamente pide la tarta de lima.

Contenido

DÍA

1

La sanidad no es
tan agradable ni
ordenada como
me gustaría

> Lámpara es a mis pies Tu palabra, y luz para mi camino.
>
> SALMOS 119:105

POR LA MAÑANA

*A*mo la Palabra de Dios. Y confío en Dios.

Sin embargo, debo decirte que algunas de las incertidumbres de mi vida en este momento me hacen estremecer, con los nervios a flor de piel y las manos temblorosas. Mis mayores interrogantes son las preguntas que aún no tienen respuesta. *¿Cargaré para siempre con el dolor de lo que se ha perdido y me han quitado durante esta última temporada de mi vida? ¿Cómo sabré cuándo estaré sana y cuánto tiempo tardaré en sanar?*

La sanidad no es tan agradable ni ordenada como me gustaría. Quiero aprovechar lo que aprendo cada día y marcar mis casillas de sanidad como si tachara cosas de una lista de tareas por hacer. Pero la sanidad no funciona de ese modo. No es lineal. Es un viaje de avances y retrocesos. Y es una lucha diaria para no tener miedo en medio de tantos interrogantes.

Ese es uno de los mitos que creí sobre la sanidad durante mucho tiempo. Pensaba que tenía que saber cómo se desarrollaría mi futuro para tener el valor de recorrer el camino de mi sanidad. En resumen, pensaba que la visión de Dios para mi futuro tenía que alinearse con la *mía*.

No obstante, ahora sé que lo entendía al revés. Necesitaba renunciar a mi visión de lo que quería para captar la visión de Dios, la cual es mejor y más completa. Eso es lo que hizo Jesús en el jardín de Getsemaní cuando oró: «¡Abba, Padre! Para Ti todas las cosas son posibles; aparta de Mí esta copa, pero no sea lo que Yo quiero, sino lo que Tú *quieras*» (Marcos 14:36).

Saber lo que me espera no es lo que más necesito. Y definitivamente no es un requisito para la sanidad. Creo que es muy importante que lo sepas al comenzar este viaje juntas a lo largo de estas páginas.

Amiga, independientemente de las incertidumbres o preguntas sin respuesta con las que te hayas despertado hoy, encontremos consuelo en las verdades de Dios con las que hoy podemos contar:

- Dios promete guardar tu corazón y tu mente (Filipenses 4:6-7).
- Dios promete darte su paz (Juan 14:27).
- Dios promete consolarte en todas tus tribulaciones (2 Corintios 1:3-4).
- Dios promete ayudarte y fortalecerte (Isaías 41:10).
- Dios promete bendecirte, protegerte y ser misericordioso contigo (Números 6:24-26).
- Dios promete darte descanso cuando estés cansada y cargada (Mateo 11:28-30).

- Dios promete escuchar y responder a tus oraciones (1 Juan 5:14-15).
- Dios promete proveer para todas tus necesidades (Filipenses 4:19).

Jesús, que entiende perfectamente nuestros deseos de que Dios cambie los planes que se desarrollan ante nosotras, descendió para ser el Sumo Sacerdote misericordioso y fiel que modela para nosotros lo que debemos hacer cuando nos enfrentamos a futuros inciertos que tememos. Dios nos ha equipado con la seguridad de sus promesas, su presencia y su plan perfecto en medio de un millón de realidades imperfectas. Él pensó en ti cuando se escribieron estos versículos. Y ese pensamiento lo inundó con un amor tan perfecto, tan completo, que estuvo dispuesto a morir para que tú pudieras vivir plenamente. Él es el gran amor y la seguridad que tu corazón y el mío buscan con tanta desesperación.

Su verdad es la gran carta de amor que podemos leer hoy. Y mañana. Y siempre.

Una frase para recordar al comenzar el día de hoy:

Dios tiene un plan perfecto en medio de un millón de realidades imperfectas.

POR LA NOCHE

Mis perspectivas son limitadas.

Muy limitadas.

Cuando no recuerdo esto, caigo en la tentación de olvidar algunas de las promesas de Dios que hemos leído esta mañana.

Necesito las perspectivas de Dios para ampliar las mías. Isaías 55:9 nos recuerda: «Porque *como* los cielos son más altos que la tierra, así Mis caminos son más altos que sus caminos, y Mis pensamientos más que sus pensamientos».

Esta noche, voy a tomarme un tiempo para hacer una pausa y centrarme en el Señor en oración. Y pido la humildad para decir: «Dios, por favor, mantente recordándome que no me apegue a mi propio pensamiento limitado. Dame ojos para ver una perspectiva expandida más allá de lo que veo ahora mismo».

Tal vez por esta noche —incluso para alguien como yo que ansía certeza y respuestas— solo una fracción es suficiente (Isaías 46:10). Tal vez por esta noche podamos liberarnos de lo que pensamos que debe suceder y dejar nuestros corazones y mentes abiertos para escuchar a Dios.

Descansemos esta noche sabiendo que él no solo tiene al mundo entero en sus fieles manos, sino que también sostiene en ellas los detalles de nuestras vidas. Y todo lo que estas manos tocan será finalmente redimido.

Que descanses bien.

_____

_____

Dios, soy propensa a olvidar tus fieles promesas. Gracias por mostrármelas hoy en tantos versículos bíblicos diferentes. Gracias por preocuparte por mí y lo que estoy atravesando. Te confío las cargas de mi mente y sé que me ves mientras las pongo a tus pies esta noche. En el nombre de Jesús, amén.

DÍA

2

Vivir con el
misterio

*Por lo demás, hermanos, todo lo que es verdadero, todo lo digno,
todo lo justo, todo lo puro, todo lo amable, todo lo honorable, si hay
alguna virtud o algo que merece elogio, en esto mediten.*

FILIPENSES 4:8

POR LA MAÑANA

Leí un artículo interesante mientras investigaba por qué mi mente es tan propensa a correr hacia el futuro y hacer predicciones para mi vida. También soy propensa a prepararme para el impacto pensando en los peores escenarios. Quiero pensar en todo lo amable y en aquello que merece elogio, como instruye Filipenses 4:8, pero mis instintos naturales hacen esto increíblemente difícil.

El artículo afirmaba que nuestros cerebros están programados para la seguridad: «El cerebro busca formas de conservar la energía y una forma de lograrlo es haciendo predicciones para que sepamos qué esperar y cuál puede ser el resultado de una situación determinada».[1] Esto me ayudó a entender mejor por qué me resisto tanto a vivir con incógnitas e incertidumbres. Mi cerebro busca constantemente la tranquilidad de una seguridad predecible, pero ninguna de nosotras sabe lo que nos espera. No podemos ver con claridad lo que ocurrirá el próximo mes, el próximo día o incluso la próxima hora.

Aunque esto puede ser un intento de mi cerebro para conservar energía, hace que mi ansiedad se dispare. Recientemente he aprendido cómo puedo encontrar seguridad para el día de hoy, incluso cuando me enfrento a la incertidumbre del mañana. En lugar de tratar de predecir el futuro, busco la fidelidad de Dios en mi pasado. Él fue fiel entonces. Él será fiel ahora.

Y elijo recordar cómo Dios me dio la fortaleza para manejar otras circunstancias difíciles, lo cual me recuerda que él de seguro me dará lo que necesito para manejar esta también.

Es posible que no me gusten todas las circunstancias de mi pasado, pero puedo ver que sobreviví. Dios estuvo conmigo. Dios ha utilizado partes de las situaciones por las que atravesé para bien. Dios usó algunas de ellas para protegerme. Ciertamente, Dios las ha utilizado para enseñarme lecciones y hacerme más empática con otros que pasan por momentos difíciles. Y Dios ha utilizado algunas de ellas para posicionarme donde necesitaba estar en la siguiente etapa de mi vida.

Todavía hay algo de misterio con respecto a algunas de las situaciones por las que he pasado, pero puedo ver la fidelidad de Dios más claramente ahora que en ese entonces. Todavía no tengo todas las respuestas de por qué sucedieron algunas de esas cosas. Sin embargo, puedo decir con más certeza que la fe ayuda a reconocer el hecho más importante: el Dios que me condujo a esto seguramente me ayudará a superarlo. Nada ha tomado a Dios por sorpresa. Ni en tu vida ni en la mía. Los males que nos ocurren rompen su corazón, pero la forma en que sobreviviremos a ellos no es un misterio para Dios. Esta perspectiva puede ayudarnos a no sentirnos tan aterradas con las incertidumbres del futuro.

Entonces, ¿cómo manejamos las incertidumbres de hoy? Nos mantenemos cerca de Dios. Nuestra responsabilidad es ser obedientes a él. El trabajo de Dios es todo lo demás.

POR LA NOCHE

Otra cosa que me confunde y despierta mi ansiedad es cuando todo parece ser cada vez más difícil para mí, mientras que alguien que me hizo daño parece estar prosperando. Siento que estoy tratando de ser obediente a Dios, por lo tanto, ¿no debería ser yo la que prospera?

¿Cómo puede el que sigue pecando verse tan feliz y sin preocupaciones en el mundo? Dios, ¿acaso me ves?

¿Has experimentado este sentimiento?

Parece injusto. Pero recuerda que no conocemos la historia completa de lo que realmente sucede con esa otra persona. El hecho de que algo parezca bueno no significa que sea bueno. El mismo fuego que da calor puede quemarte gravemente. La misma agua que se siente refrescante puede producir una inundación destructiva. El mismo pecado que le trae a alguien un placer temporal puede resultar en un arrepentimiento que deja cicatrices permanentes.

Recuerda que el pecado es siempre un paquete que incluye tanto los placeres tentadores como las posibles consecuencias. Si alguien participa en los placeres, absolutamente desencadenará las consecuencias resultantes. Es posible que no veas los efectos del pecado de otra persona, pero puedes estar segura de que están ahí.

Nuestra tarea no es enfocarnos en el pecado de la otra persona ni en las consecuencias. Debemos centrar nuestra atención en procesar y sanar nuestras heridas. Debemos ocuparnos de lo que hemos pasado. Si no lo hacemos, podemos correr el riesgo de arremeter desde nuestros lugares no sanados.

Debemos seguir confiando en la fidelidad de Dios y obedeciendo sus instrucciones durante este proceso de sanidad. Es posible que no sepamos lo que nos depara el mañana, pero podemos confiar en el Dios que tiene todos nuestros mañanas en sus manos.

ALGO PARA ENTREGARLE A DIOS HOY:

_____

_____

UNA ORACIÓN PARA DECLARAR ANTES DE DORMIR:

Señor, gracias por sostenerme en medio de las incertidumbres a las que me enfrento. Aun cuando anhelo la certeza y el control, ayúdame a recordar que mi tarea hoy es mantenerme enfocada en lo que tú me pides que haga, y tú te encargarás del resto. Te amo. En el nombre de Jesús, amén.

DÍA

3

Abrazar la
gracia de
hoy incluso
cuando
no me siento
agradecida

> Por tanto, no se preocupen por el *día de* mañana; porque el *día de* mañana
> se cuidará de sí mismo. Bástenle a cada día sus propios problemas.
>
> MATEO 6:34

POR LA MAÑANA

A veces ser agradecida significa elegir ver lo que es en lugar de estar cegada por lo que no es.

Esto es una elección difícil en algunos momentos. Brutal, de hecho. Sin embargo, vale la pena luchar por ello.

Incluso ahora, tengo días cuando lo que está faltando en mi vida se siente como un enorme y hondo agujero. Mire donde mire, parece que el agujero está en el centro de mi visión mirándome fijamente a la cara.

Pero entonces me detengo y cambio mi enfoque. Me pongo manos a la obra y extiendo una masa de galletas con mis nietas. Dirijo mi mirada fuera de ese agujero. Intencionadamente, redirijo mi atención a las preciosas caras de estas niñas y a este valioso momento que tengo delante de mí. Y vuelvo a recordar que hay mucho más en esta increíble vida que la suma total de nuestro dolor.

Podemos agradecerle a Dios por el regalo del presente. Disfruta el desorden de hoy. Recibe la bendición de este día. Baila al menos una vez hoy. Rellena los huecos con oración a lo largo del día. Y ponte como meta irte a la cama con una sonrisa en tu rostro. Porque esto es lo que sé: Dios nos da gracia para «hoy».

Debemos cargar solo con lo que debemos en este día. Luego, mañana, tendremos la gracia de mañana. Y dentro de seis meses, la gracia nos recibirá y nos ayudará a llevar el peso de ese día.

Donde a veces tengo problemas es al tratar de llevar el estrés de hoy con la preocupación de mañana y el miedo de dentro de seis meses todo junto con la gracia de hoy. Es entonces cuando todo parece demasiado para soportar.

No es que no queramos planificar para el futuro y discernir cómo manejar lo que está por venir de manera responsable. Eso es sabio y bueno.

Es solo que no queremos estar tan estresadas, temerosas y llenas de ansiedad por el mañana que nos perdamos la gracia y la bondad de este hermoso día.

Así que hoy, recibe tanto la gracia como los regalos de este día. No te pierdas ni un minuto de su inesperado tesoro y celebra cada pedacito de su alegría.

Una frase para recordar al comenzar el día de hoy: —— ||||·||| ——

Dios nos da gracia para «hoy».

POR LA NOCHE

Elegir la gratitud justo en medio de un tiempo difícil no es negación, es elegir hacer solo lo que se puede hacer hoy.

Para mí, elegir la gratitud se asemeja a hacer lo que está a nuestro alcance ese día, y luego ir a jugar en la arena con mis maravillosos nietos en una tarde cálida llena de sonrisas, cielos azules de Carolina del Norte y una cantidad increíble de conchas marinas lavadas.

Tal vez la gratitud no sea algo que tengamos que contener en nuestro interior. Tal vez sea algo que experimentamos y expresamos en medio de nuestras circunstancias.

Y eso es lo que la hace dulce (y salada por toda la arena con la que estoy cubierta por ser la Gigi que se ofreció como pionera para construir castillos de arena hoy).

Antes de que te vayas a dormir esta noche, considera liberarte de ese sentimiento de que lo que resulta actualmente difícil o desafiante es la suma total de tu vida en este momento. Pídele a Dios que te ayude a cambiar esto por una perspectiva diferente.

ALGO PARA ENTREGARLE A DIOS HOY:

_____

_____

UNA ORACIÓN PARA DECLARAR ANTES DE DORMIR:

Querido Señor, tú me creaste. Tú me conoces. Necesito tu ayuda en mi debilidad. Ayúdame a ver que incluso los momentos más pequeños realmente contienen oportunidades para estar agradecida. Dame el valor y la gracia para hacer lo que te agrada. Quiero hacer tu voluntad y experimentar más de ti en este tiempo. En el nombre de Jesús, amén.

DÍA 4

La quietud

incómoda

> Al de firme propósito guardarás en perfecta paz, porque en Ti confía.
>
> ISAÍAS 26:3

POR LA MAÑANA

Hace poco tuve una reunión con mi consejero en la que necesitaba procesar mi soledad. Nunca he vivido sola en mis cincuenta y dos años de vida. Crecí con hermanas. Fui a la universidad y siempre tuve compañeras de cuarto. Me casé y luego tuve cinco hijos.

Mi casa pasó de estar llena de ruido y de otras personas durante décadas a ser silenciosa de manera repentina y sorprendente. Los niños ya son mayores. Y el matrimonio que creí que duraría para siempre terminó tras continuas rupturas de confianza y traiciones.

Había pasado años enfocada en la crianza de mis hijos, trabajando en el ministerio y tratando de reparar y salvar lo que finalmente resultó ser una relación insostenible.

Cuando los chocantes descubrimientos me golpeaban una y otra vez durante años, le rogué a Dios que todo el caos se detuviera. Finalmente, se detuvo. Pero entonces, la quietud de las secuelas irrumpió en mi vida. Imagino que es algo similar a la calma que se produce después de que un tornado haya arrasado a una comunidad. O a la inquietante sensación después de un incendio en una casa. El daño del trauma es más evidente después de que la fuente del mismo desaparece.

Es entonces cuando se ve el verdadero impacto de la pérdida.

Hay mucho por asimilar, y la mayoría de las veces llevará años procesarlo por completo.

Al principio no me sentía sola. Había más emociones inmediatas de las que ocuparse en la tranquilidad. Siento que he pasado por la conmoción, la tristeza, la ira, la desilusión y el miedo. Ahora, es la soledad la que parece estar más presente. Es incómoda en algunos de los mejores momentos, pero puede intensificarse fácilmente hasta convertirse en una incertidumbre aterradora sobre el futuro.

Mi consejero me ha animado a aprender a sentarme en la quietud y la soledad y a no apresurarme a llenarla. Aunque no me gusta esta respuesta, sé que tiene razón. Necesito reflexionar. Necesito aprender la complicada pero exquisita belleza de ser honesta sobre lo que es y lo que no es aceptable. Necesito redescubrir quién es la persona que Dios tenía en mente que fuera cuando me creó y no quién es la persona que los problemas de otros exigen que sea. Necesito tiempo para trabajar en mis propios problemas. Necesito crecer, aprender, madurar.

Sobre todo, necesito restablecer lo que es y lo que no es normal. Cuando has vivido durante mucho tiempo con las disfunciones de comportamientos inaceptables, estos pueden parecer cada vez más normales. Necesito establecer una nueva normalidad para mí.

Así que en la quietud, me vuelvo hacia Dios y la bondad que él pretende para mi vida a partir de ahora. Y doy un paso más en silencio hacia la sanidad.

Esto es lo que he descubierto. A veces la «quietud» es el comienzo de un himno llamado «resiliencia».

Dios está en la quietud. La soledad es su invitación a alejarnos de la distracción.

Después de varias veces de sentarme con Dios en la quietud, me paré frente al espejo y dije:

«Me levantaré».

«Confiaré en Dios».

«Recuperaré mi salud».

«Recobraré mis fuerzas».

«Me prepararé».

«Este no es el final».

«Todo gran comienzo empieza con una parada».

Oh, amiga. ¿Podrías buscar un espacio para sentarte en la quietud por un momento esta mañana y simplemente escuchar? ¿Incluso en la tensión de todo lo que te rodea? Las preguntas, las ansiedades paralizantes, los miedos. Todo.

Allí donde estás, abre tus manos y dile a Dios que estás escuchando.

Porque esto es lo que sé: él está escuchando también. ¿Cada palabra dentro de cada oración que has orado? Él la ha escuchado.

Salmos 5:3 dice: «Oh Señor, de mañana oirás mi voz; de mañana presentaré *mi oración* a Ti, y *con ansias* esperaré».

Me encanta ese versículo. Sin embargo, fíjate en que hay varios componentes diferentes. La primera parte habla de la oración activa en la que presentamos nuestras peticiones ante el Señor. Luego hay tres palabras al final que realmente me llaman la atención: *con ansias esperaré*.

Eso es lo que creo que se nos invita a hacer al buscar un espacio para la quietud.

Mientras nos sentamos en el silencio, esperamos con ansias. Podemos escuchar. Llorar. Aprender. Sanar. Y caminar hacia adelante, sabiendo que a causa de Dios, lo que estaba destinado a hacernos daño solo sirvió para volvernos más capaces.

No menos.

Creo que eres resiliente. Y sé que hoy la sanidad es posible. Así que no tengas temor de la quietud; Dios está ahí. Toma la decisión de aquietar tu mente. Deja que su susurro apacible empiece a sosegar tu corazón. Él estará allí para reconfortarte en cada paso del camino hoy.

P. D.: La canción «Quieto» (la versión simplificada) de Elevation Worship ha sido una de mis canciones favoritas en este tiempo. ¡Escúchala!

No tengas temor de la quietud; Dios está ahí.

POR LA NOCHE

A veces la tranquilidad de la noche es más complicada y dolorosa que la del día. Creo que esto puede ser cierto incluso si tu casa sigue llena de personas, pero hay una sensación de tristeza o pérdida que llevas en tu corazón. Estoy aprendiendo que puedo elegir qué hacer en la incómoda quietud.

Puedo llenarla con pensamientos de los peores escenarios y temores. O puedo utilizar este tiempo para reflexionar, orar y conducir mis pensamientos alarmantes a pensamientos más pacíficos de gratitud. Puedo practicar el cuidado de mí misma y leer libros que me ayuden a aprender y crecer. Me encanta el recordatorio que encontramos en Isaías 30:15: «Porque así ha dicho el Señor Dios, el Santo de Israel: "En arrepentimiento y en reposo serán salvos; en quietud y confianza está su poder"».

Quiero que el resultado de esta quietud incómoda sea el momento de mi vida en el que aprendo a confiar en Dios más que nunca, lo que hará que esta sea una temporada de nuevas fuerzas.

¿No es la idea más hermosa que Dios pueda estar esperando que haya un poco de silencio en nuestras vidas para compartir algunos de sus mejores secretos con nosotras?

El enemigo quiere que creamos que los momentos de silencio son una maldición de la soledad. Una carga de vergüenza. Un recordatorio de los restos de lo que una vez fue. Sin embargo, Dios quiere que sepamos que los tiempos de silencio son en realidad caminos para acercarnos a él.

Sé que el silencio puede ser a veces ensordecedor. Pero mientras te vas a dormir esta noche, quiero que pienses en la invitación que podría ser este silencio sagrado y lo que podría ser posible gracias a él.

Libérate de las mentiras que te impiden creer en lo que Dios puede tener para ti aquí, en la quietud.

Dulces sueños, amiga.

ALGO PARA ENTREGARLE A DIOS HOY:

_____

_____

Señor, cuando empiezo a sentirme ansiosa en medio de la quietud, te invito a compartir esos momentos. Te pido que me hables en el silencio y que aprenda a escuchar tu voz. Gracias por ayudarme a sanar y a seguir buscándote durante este viaje. En el nombre de Jesús, amén.

DÍA

5

Conviértete
en la mujer
que fuiste
llamada a ser

> El que anda en integridad anda seguro.
>
> PROVERBIOS 10:9

POR LA MAÑANA

Una noche reciente, mis hijos vinieron a casa y pasamos horas mirando cientos de fotografías en nuestros álbumes familiares y riendo con respecto a ellas.

Décadas de recuerdos.

Me sorprendió que mis emociones no se dispararan. Pero no lo hicieron. Y creo que es porque me he esforzado por no dejar que lo que resulta desgarrador ahora mismo me robe los recuerdos de los años pasados que son tan valiosos para mí.

Me sentí empoderada para reconocer lo que era tan verdadero para mí. Estaba auténticamente presente, amando estos momentos memorables con mis hijos.

No todo era perfecto. Algunos de los momentos más divertidos se debieron a las imperfecciones, las malas actitudes y los detalles de las vacaciones que salieron mal. No obstante, fue maravilloso

reirnos de nuestras experiencias compartidas. Había un sentimiento de pertenencia porque conocíamos nuestros propios chistes, peculiaridades e historias.

Me encantó. Y me hizo reforzar mi compromiso de entrar en esta nueva etapa de la vida siendo una mujer con la que mis hijos puedan contar y de la que estén orgullosos.

Pienso en cómo quiero que sean los momentos más sagrados y preciosos de mi vida, y debo seguir tomando hoy decisiones que estén alineadas con eso. Debo modelar el carácter que les he enseñado a tener a mis hijos.

Estoy segura de que cometeré errores; todos lo hacemos. Sin embargo, puedo elegir hacer que los patrones de mi vida se alineen con la verdad de Dios al poner en práctica lo que la Biblia enseña, priorizando la salud emocional y siendo alguien en quien mi gente pueda confiar.

Quiero dormir bien por la noche, sabiendo que nunca cambié mi integridad por un placer de escasa visión. La Biblia nos dice en Proverbios 10:9: «El que anda en integridad anda seguro». No sé tú, pero a mí me encanta esa palabra *seguro*. Cuando estás en medio de algo difícil o incluso tratando de sanar y seguir adelante, el proceso es desordenado e incierto. El camino por delante parece largo e impredecible. Pero en medio de eso, podemos elegir caminar en integridad, lo cual trae la seguridad que anhelamos desesperadamente.

¡Vaya!

Es posible que no sepa cómo se desarrollarán todos los detalles de mi historia. No obstante, he aquí lo que sí sé: cuando el sol se ponga en mi último día aquí, quiero estar rodeada de mi gente, recordando todos nuestros mejores momentos juntos. Eso es alegría. Eso es propósito. Eso es una vida bien vivida. De eso se trata todo.

¿Me acompañas, amiga? ¿Cuál es la elección que podrías hacer hoy con integridad?

No importa dónde hayas estado o qué te haya sucedido, hoy es un gran día para empezar a convertirte en la mujer que sabes que fuiste llamada a ser. Vamos, amiga. Hagamos esto. Hagamos esto bien. Creo en ti. Hoy es el mejor día para empezar.

Una frase para recordar al comenzar el día de hoy: —

Podemos elegir caminar en integridad, lo cual trae la seguridad que anhelamos desesperadamente.

POR LA NOCHE

Hay quienes dicen que el tiempo cura todas las heridas. Sin embargo, yo no estoy de acuerdo.

Necesitamos dejar de pensar que las cosas mejorarán naturalmente por sí solas. Tenemos que buscar a Dios. Necesitamos obtener la ayuda y el apoyo adecuados. Y tenemos que recibir la verdad cada día con humildad.

Creo que lo que sembramos en la tierra en ese tiempo es lo que determina qué cosecharemos.

Oh, amiga. Veo en lo que te estás convirtiendo. Estás plantando sabiamente. Quiero decir, mira en lo que estás eligiendo pasar tu tiempo en este momento. Estás posicionando tu corazón en la dirección de la verdad porque quieres la sabiduría divina.

Estás avanzando.

Estás procesando.

Estás orando.

Estás sufriendo.

Estás adorando.

Estás sanando.

Estás plantando sabiamente.

Sé que puede ser difícil entender todo este asunto de la sanidad. Lo entiendo. Estoy de acuerdo. Pero solo quiero recordarte esta noche que no estás sola.

Lo vas a lograr.

De hecho, y aún mejor, vamos a lograrlo *juntas*.

ALGO PARA ENTREGARLE A DIOS HOY:

_____

_____

UNA ORACIÓN PARA DECLARAR ANTES DE DORMIR:

Jesús, quiero ser una mujer llena de integridad. Quiero ser alguien de quien mi familia esté orgullosa y, sobre todo, alguien de quien tú estés orgulloso. Ayúdame a seguir sembrando con sabiduría durante este viaje hacia la sanidad. Gracias por sostenerme en los días en que siento que no puedo seguir adelante. Te amo, Señor. En el nombre de Jesús, amén.

DÍA

6

Pero
parecen
salirse con
la suya en todo

ENÓJENSE, PERO NO PEQUEN; no se ponga el sol sobre su enojo, ni den
oportunidad al diablo [...] Sea quitada de ustedes toda amargura,
enojo, ira, gritos, insultos, así como toda malicia.

EFESIOS 4:26-27, 31

POR LA MAÑANA

Me encontraba sentada en la arena observando cómo el agua salada se acercaba cada vez más. La marea estaba subiendo, y sabía que si no me movía, el agua pronto me mojaría a mí y mis cosas. La belleza del océano viene acompañada de la realidad de la marea.

Muchas cosas en la vida vienen en un paquete como este. Cuando elegimos participar en una parte, participamos en todo. Las relaciones son así. Los trabajos son así. Tener una casa es así. Incluso las vacaciones son así.

Todas estas cosas son paquetes que vienen con partes divertidas y partes difíciles. Y el pecado no es diferente. Como hablamos el otro día, aquello que parece tentador sobre el pecado siempre vendrá con sus consecuencias.

Cuando otras personas pecan contra nosotras, nos ofenden intencionalmente y nos hieren de manera descarada, pero nunca parecen sufrir las consecuencias por nada de eso, esta aparente falta de justicia despierta sentimientos de amargura, falta de perdón e incluso represalias. Sin embargo, es crucial que no dejemos que estos sentimientos que nos sobrevienen ocupen un lugar en nuestra mente.

La verdad que me ayuda a manejar la «injusticia» de las situaciones hirientes es recordar que cuando las personas pecan contra nosotras, desatan en sus vidas las consecuencias de ese pecado. Es posible que nunca las veamos. De hecho, puede parecer que se salieran con la suya. Pero hoy podemos recordar que al final «comerán del fruto de su conducta, y de sus propias artimañas se hartarán» (Proverbios 1:31).

Lo mejor que podemos hacer es confiar en Dios con respecto a las consecuencias, mientras nos aseguramos de no dejarnos arrastrar por las decisiones pecaminosas resultantes de nuestra propia amargura y falta de perdón.

Amiga, tu corazón es un lugar demasiado hermoso como para ser manchado por el dolor, atormentado por el resentimiento o reprimido por la amargura. Es hora de dejar de sufrir por lo que otra persona te ha hecho. Y tal vez aferrarse con fuerza a esta perspectiva es solo una de las muchas maneras en que Dios quiere ayudarnos a sanar hoy.

Tu corazón es un lugar demasiado hermoso como para ser manchado por el dolor, atormentado por el resentimiento o reprimido por la amargura.

POR LA NOCHE

Muchas veces a lo largo de la Biblia donde hay una amonestación sobre la falta de perdón, también hay una advertencia sobre los planes y tentaciones del enemigo. En 2 Corintios 2:10-11, el apóstol Pablo dijo: «Si algo he perdonado, lo hice por ustedes en presencia de Cristo, para que Satanás no tome ventaja sobre nosotros, pues no ignoramos sus planes». Luego, en Efesios 4:26-27, Pablo escribió: «Enójense, pero no pequen; no se ponga el sol sobre su enojo, ni den oportunidad al diablo». Pablo continuó este pensamiento en el versículo 31 con sus instrucciones: «Sea quitada de ustedes toda amargura, enojo, ira, gritos, insultos, así como toda malicia».

Cuando sentimos amargura, debemos llamarla por su nombre. Esta no es algo que nos proteja para no volver a ser heridas. No es algo que dañe a la persona que nos hirió. Es allí mismo donde el enemigo puede atraernos a sus planes y donde podemos ser muy tentadas a pecar.

Oh, amiga. Nunca olvides que tu posición de fuerza no es la ira, la amargura o la represalia. Es la humildad.

Cuando nos humillamos, no significa que nos inclinamos en derrota, Significa que nos levantamos para declarar que nadie tiene el poder de hacernos traicionar lo que realmente somos en Cristo. Podemos defender lo que es correcto, tener conversaciones difíciles e incluso enfrentarnos a situaciones que necesitan abordarse con medidas iguales de gracia y verdad, y podemos hacer todo esto sin perder lo mejor de nosotras en el proceso.

Esta noche, liberemos esos sentimientos de ira al reconocer ante Dios que cuando nos sentimos heridas, no significa que tengamos que llevar vidas que perpetúen ese daño. Es posible que necesitemos trabajar con esos sentimientos, pero no tenemos que permitir que los mismos se apropien de nuestras vidas.

ALGO PARA ENTREGARLE A DIOS HOY:

_____

_____

UNA ORACIÓN PARA DECLARAR ANTES DE DORMIR:

Padre Dios, hoy traigo ante ti las situaciones difíciles de mis relaciones. Sé que tú me ves luchar y no me has dejado resolver esto por mi cuenta. Cuando la falta de perdón, la amargura, el resentimiento y el juicio se levanten en mi corazón, por favor, ayúdame a procesar esos sentimientos de una manera saludable. En el nombre de Jesús, amén.

DÍA 7

Cuando puede ser
tiempo de trazar un
límite saludable

Como ciudad invadida *y* sin murallas es el hombre que no domina su espíritu.

PROVERBIOS 25:28

POR LA MAÑANA

Nunca olvidaré que le pedí a mi consejero que me ayudara a procesar cómo llegué finalmente al lugar donde dije: «No más. No más devastación. No más traición. No más mentiras. No más».

Me preguntaba si ese había sido el momento en que me quebranté. Pero él respondió: «No, Lysa, ese fue el momento en que comenzaste a sanar».

A veces, «no más» significa fijar buenos límites que ayudarán a que cada persona se responsabilice de establecer patrones relacionales más saludables. A veces, «no más» significa reconocer una realidad desgarradora, cuando un sabio consejo te ha ayudado a darte cuenta de que la situación ya no es sostenible.

Ambas dinámicas requieren que busquemos la sanidad. Necesitamos la verdad sólida de la Palabra de Dios para que nos ayude a guiarnos y dirigirnos. A veces, podemos necesitar a un consejero profesional devoto que esté capacitado para enseñar, consolar y desafiarnos.

Sé lo que se siente al estar paralizada por las decisiones de otra persona y no saber qué hacer al respecto. En el pasado, he dudado en cuanto a establecer límites porque me parecía poco compasivo y no tenía la confianza de saber cómo implementar ni comunicar estos parámetros saludables.

Ahora he descubierto una forma mejor de ver los límites. No los establezco con la esperanza de obligar a la otra persona a cambiar de alguna forma en que no esté dispuesta o sea incapaz de hacerlo. En cambio, me pongo límites a mí misma para ayudarme a ejercer el autocontrol sobre lo que toleraré y lo que no. El autocontrol es crucial para regular mis reacciones y dirigir mis esfuerzos a mantenerme en un lugar saludable.

Los límites saludables son la única posibilidad que tenemos de abordar los retos relacionales de una forma productiva y beneficiosa.

Si estás en un lugar de «no más», considera estas preguntas sobre los límites y cómo podrías aplicar esto a tu propia vida a partir de hoy.

- ¿Qué tipo de persona quiero ser, no solo en esta relación, sino de manera constante en todas mis relaciones?
- ¿Qué necesito hacer en esta relación para mantenerme firme en mi carácter, conducta y comunicación?
- ¿Cuáles son algunas áreas de mi vida en las que tengo la capacidad más limitada? (Por ejemplo: en mi trabajo, en la crianza de los hijos, durante las vacaciones, etc.).

- Basándome en mi evaluación realista de la capacidad, ¿de qué manera esta relación amenaza con extender excesivamente lo que puedo dar de forma realista e incluso generosa?
- ¿Siento la libertad en esta relación de comunicar lo que puedo y no puedo dar sin temor a que me castiguen o rechacen?
- ¿Qué restricciones realistas puedo imponerme para reducir el acceso de esta persona a mis recursos emocionales o físicos más limitados?
- ¿De qué manera el comportamiento imprevisible de esta persona está afectando negativamente mi confianza en mis otras relaciones?
- ¿De qué manera estoy sufriendo las consecuencias de sus decisiones más que la otra persona?
- ¿Cuáles son las expectativas más y menos realistas que esta persona tiene de mí? ¿Cuáles son mis expectativas más y menos realistas de esta persona?
- ¿Qué límites debo fijar?

Al considerar estas preguntas, puede ser útil procesarlas con un mentor devoto de confianza o un consejero cristiano. Estas preguntas a considerar no son para complicar aún más nuestra dinámica relacional, sino que están destinadas a ayudarnos a identificar dónde estamos lidiando con la disfunción. Las realidades tóxicas en las relaciones no se controlarán por sí mismas. No podemos ignorarlas hasta que sean sanas. Y no podemos insistir para que mejoren. Debemos ser honestas sobre las dificultades que están complicando y probablemente impidiendo el tipo de salud que no solo queremos, sino que *necesitamos* para que algunas de nuestras relaciones sobrevivan.

He aprendido que no podemos simplemente «superar» nuestras heridas. Y los límites son una gran manera de empezar hoy a experimentar la salud en tu propia vida.

Una frase para recordar al comenzar el día de hoy: — ||||||| —

Los límites saludables son la única posibilidad que tenemos de abordar los retos relacionales de una forma productiva y beneficiosa.

POR LA NOCHE

A medida que he aprendido cómo trazar algunos límites necesarios en mi propia vida, algo que mi consejero me ha recordado una y otra vez es: «Les enseñamos a los demás cómo tratarnos». Ahora, por favor, no escuches eso con dureza. Si estás en una situación de abuso, esto no quiere decir que te lo has buscado. Y si has sufrido un trauma emocional en una relación, esto no significa que podrías haber hecho algo para evitarlo. Sin embargo, es importante que todas sepamos, con vistas al futuro, que podemos verbalizar lo que es y no es aceptable en el contexto de las relaciones. Por favor, consulta la página [209] para obtener información sobre los recursos que pueden ayudarte.

Me estoy desafiando a mí misma con todo esto. Amiga, recordemos que lo que permitimos es lo que vamos a vivir. No quiero que vivamos nada que no sea bíblico o posible de soportar. Tal vez sea hora de volverles a enseñar a algunas personas en nuestras vidas con límites bien establecidos, implementados con gracia y mantenidos de forma constante.

Es por el bien de tu salud mental que trazas los límites necesarios. Y es por el bien de la estabilidad que te mantienes firme con los mismos.

Establecer límites saludables es absolutamente necesario para que se produzca la verdadera libertad, el crecimiento y la sanidad. Los límites no están pensados para alejar a la otra persona, sino para mantener tu entereza. Y los límites te permiten seguir amando a esa persona y tratarla con respeto sin perder lo mejor de ti.

He visto progresos en algunas de mis relaciones más difíciles gracias a los límites. Y quiero esto para ti también, amiga.

ALGO PARA ENTREGARLE A DIOS HOY:

_____

_____

UNA ORACIÓN PARA DECLARAR ANTES DE DORMIR:

Dios, necesito tu ayuda para considerar las áreas de mi vida en las que puedo necesitar implementar límites saludables. Ayúdame a procesar estas decisiones a fondo, a través de la lente de la sabiduría y con el consejo divino. Anhelo que todas mis relaciones sean saludables, así que ayúdame a ver dónde los límites podrían hacer esto posible. Quiero honrarte en mis relaciones. En el nombre de Jesús, amén.

DÍA

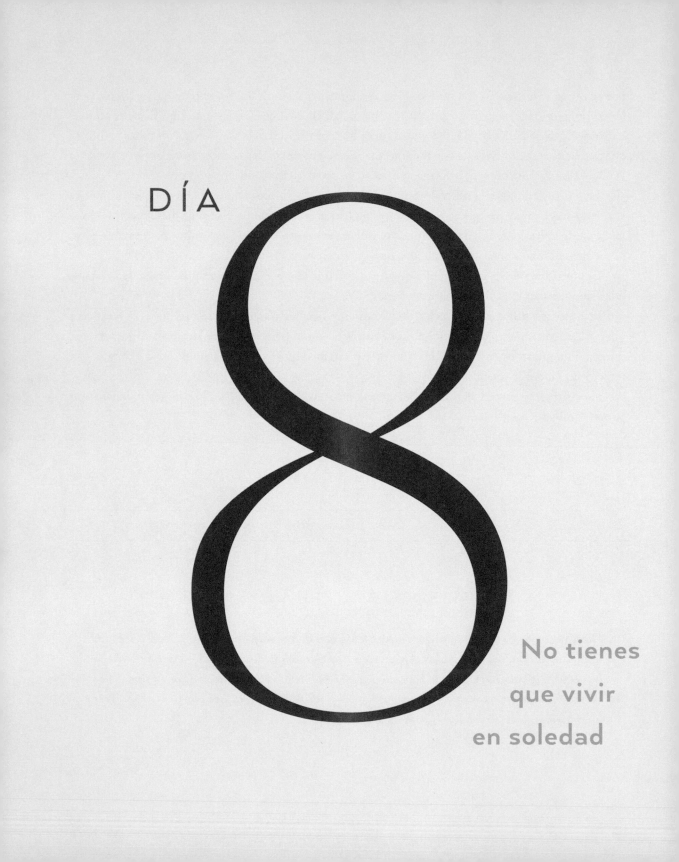

8

No tienes
que vivir
en soledad

El ungüento y el perfume alegran el corazón, y dulce
para su amigo es el consejo del hombre.
PROVERBIOS 27:9

POR LA MAÑANA

¿Alguna vez te has sentido completamente sola incluso en una habitación llena de personas? Lo entiendo.

Sentirse excluida y sola no es algo que esté reservado solo para los juegos del patio y los bailes de la escuela secundaria. Yo he sentido esa misma sensación de soledad incluso siendo adulta.

No importa cómo te sientas esta mañana, quiero que dejes que esta verdad, la verdad de Dios, te rodee en una sinfonía de compasión y consuelo: *no estás sola*.

Puedes sentirte sola, pero no tienes que vivir en soledad.

Entonces, ¿qué puedes hacer? Puedes negarte a aislarte. Puede ser tentador ver a los demás en las redes sociales riendo, conectándose y animándose unos a otros y hacer suposiciones. Es fácil suponer que ellos no luchan contra la soledad. Es fácil suponer que tú no encajas o no perteneces. Es fácil suponer que el mundo parece seguir adelante sin ti. Todas esas suposiciones te agotarán y te tentarán a aislarte aún más. El aislamiento nunca es una cura para tu anhelo de una conexión real con los demás. Creo que la cura más poderosa para la soledad se encuentra en una de mis palabras favoritas: *unidad*. La unidad nos recuerda que todos somos muy humanos y estamos unidos en nuestras risas, lágrimas, el amor por Jesús y el tierno cuidado mutuo.

Así que hoy tengo un reto para ti.

¿Tienes alguna amiga en tu vida que habla la verdad? Escúchala. Permanece conectada a ella. Deja que te lleve de vuelta a Dios una y otra vez. Porque al igual que la partición del pan sustenta nuestros cuerpos físicos, romper el secreto con amigas de confianza alimenta los lugares profundos de nuestras almas.

Y si no tienes ese tipo de amigas, pídele a Dios este regalo. Mientras tanto, espero, de alguna manera, ser esa clase de amiga para ti a lo largo de las páginas de este devocional.

Estar *unidas* es algo muy hermoso. Oro para que hoy Dios te dé la oportunidad de buscar la unidad con personas de confianza... porque lo más probable es que también seas una bendición para ellas en sus propios sentimientos de soledad.

Una frase para recordar al comenzar el día de hoy:

Puedes sentirte sola, pero no tienes que vivir en soledad.

POR LA NOCHE

A veces puede ser difícil hacer amigos. Se necesita tiempo para establecer conexiones profundas y construir el tipo de confianza que hace que una amistad se sienta segura y estable. Si tienes dificultades debido a una mudanza o una ruptura reciente de una amistad, o tal vez las circunstancias de tu vida han cambiado y creado una desconexión con quienes solías tener más en común, esas luchas son reales.

Entiendo lo que se siente.

Sin embargo, esto es lo que quiero que recuerdes antes de irte a dormir esta noche: *eres amada*. Puedes sentir el dolor punzante de la soledad, pero no estás sola. El Dios del universo te conoce, te acepta y te ama justo donde estás. Recordar esto tal vez no arregle las maneras en que te sientes excluida, pero te recuerda quién eres.

Eres muy amada, amiga. Descansa esta noche en esa promesa.

Ora para que Dios te muestre a alguien más que necesite una amiga, y mañana, haz lo posible por acercarte a ella.

ALGO PARA ENTREGARLE A DIOS HOY:

_____

_____

UNA ORACIÓN PARA DECLARAR ANTES DE DORMIR:

Dios, sé que muchas veces obras de maneras que no entiendo. Aun cuando me siento sola, confío en que estás haciendo algo hermoso incluso en medio de estas circunstancias de mi vida que me producen dolor, pena y tristeza. Oro por nuevas oportunidades de buscar la unidad con otros creyentes que también están comprometidos a seguirte. En el nombre de Jesús, amén.

DÍA 9

Quizá todas
seamos más
parecidas de lo
que pensamos

> Por eso, todo cuanto quieran que los hombres les hagan, así también hagan ustedes con ellos, porque esta es la ley y los profetas.
>
> MATEO 7:12

POR LA MAÑANA

Me pregunto si una de las razones por las que a veces podemos sentirnos sumamente solas es porque vivimos en un mundo tan lleno de divisiones. Y aunque no siempre entenderemos los pensamientos, las opiniones y las formas de procesar la vida de los demás, *podemos* centrarnos en las áreas en las que todas somos más parecidas que diferentes.

Todas tenemos manchas de lágrimas en nuestras almohadas y nos hemos enfrentado a:

Circunstancias imprevisibles que alteran la vida...
Tensiones en las relaciones no resueltas...
Peticiones de oraciones sin respuesta...

Cuando se nos rompe el corazón, sufrimos. El dolor escuece. Los momentos duros apilados sobre más momentos duros nos desorientan a todas.

Parece que todas llevamos un poco de pena o frustración o pesadez en estos días. Y cuando nos tomamos el tiempo para recordar esto, la compasión crece en nuestros corazones hacia los demás, porque la realidad es que ellos también están sufriendo. Tal vez la verdad de que todas llevamos alguna forma de dolor en nuestros corazones significa que somos mucho más parecidas que diferentes. Hoy es un gran día para tenderle la mano con compasión a otra alma dolida.

Haz esa llamada telefónica.
Envía esa tarjeta que desearías recibir hoy.
Deja ese comentario alentador en sus redes sociales.
Pasa a saludar con su café favorito.
Ora más por esa persona y rehúsate a hablar de ella.
Recoge una flor y colócala donde ella pueda ver algo hermoso en este día.
Regálale a una amiga un rehilete y toma una foto de las dos como prueba de que la vida no es del todo mala.

Estamos muy unidas en nuestras luchas. Estamos muy unidas en nuestras lágrimas. *Jesús, ayúdanos a recordar esto hoy. Y más importante aún, ayúdanos a vivirlo.*

Una frase para recordar al comenzar el día de hoy: —— ||||||| —

Hoy es un gran día para tenderle la mano

con compasión a otra alma dolida.

POR LA NOCHE

Una de las cosas más compasivas que podemos hacer por los demás es crear un espacio donde sepan que son bienvenidos tal y como son. Alrededor de una mesa. Durante un paseo. Tal vez incluso en un viaje por carretera. Iniciar esos momentos en los que la unidad dice: «Tú perteneces. Tienes un lugar. Tienes una voz. Tienes gente. Eres amada».

Cuando sufres, puedes sentirte aislada si no estás segura de cómo hablar de las cosas difíciles o de quién puede guardar con seguridad tus pensamientos sinceros. No obstante, la compasión nos permite amar a las personas que están sufriendo, empatizar con su dolor y reconocer su versión de los hechos, incluso si no podemos cambiar el resultado o solucionar las cosas por ellas.

Solo Dios puede hacer eso.

Sin embargo, ¿qué *podemos* hacer nosotras? Estar presentes. Invitar. Iniciar. Consolar. Orar. Liberarnos de nuestro deseo de controlar las cosas o cambiar a las personas y simplemente crear un espacio para que el Espíritu Santo se mueva.

Podemos acercarnos con Jesús en nuestros corazones y compasión en nuestras palabras y simplemente estar allí.

¿Tienes a alguien en tu vida que pueda necesitar que le recuerden esto esta noche? Tal vez puedes enviarle a esa persona un mensaje de texto rápido diciendo: «Hola, amiga. Jesús te ama, y yo también, y estoy aquí para ti».

Y si tú eres esa persona que necesita que le recuerden que está un poco menos sola en lo que se encuentra atravesando ahora mismo, yo seré esa amiga para ti.

Hola a ti. Jesús te ama, y el hoy no es toda tu historia. Sigue adelante. Lo vas a lograr. Dulces sueños.

ALGO PARA ENTREGARLE A DIOS HOY:

_____

_____

UNA ORACIÓN PARA DECLARAR ANTES DE DORMIR:

Padre Dios, a veces me olvido de que todas tenemos manchas de lágrimas en nuestras almohadas. Sigue recordándome que cada persona con la que me cruzo necesita compasión. Y es posible que yo sea la única en sus vidas en este momento que tiene la oportunidad de ayudar y el valor para interesarse. En el nombre de Jesús, amén.

DÍA

10

¿Realmente importa si leo la Palabra de Dios hoy?

> Así será Mi palabra que sale de Mi boca, no volverá a Mí vacía sin haber realizado lo que deseo, y logrado *el propósito* para el cual la envié.
>
> ISAÍAS 55:11

POR LA MAÑANA

¿Alguna vez te sientes abrumada cuando te dispones a leer la Biblia?

Yo también... sobre todo cuando las situaciones dolorosas me dejan agotada y exhausta, sin motivación para pasar tiempo con Dios.

Cuando nos encontramos en estos lugares de desesperación, es fácil querer que Dios haga llover «ahora mismo» su sabiduría llena de respuestas y soluciones inmediatas para aquello que está rompiendo nuestros corazones. Sin embargo, pasar tiempo en la Palabra de Dios nos ofrece mucho más que soluciones rápidas. La Biblia no solo nos da instrucciones para el día de hoy, sino que también siembra sabiduría en nuestros corazones para el futuro.

¿Cómo? Bueno, Dios ve de antemano todo lo que se presentará en nuestro camino, y eso significa que él sabe exactamente cómo empezar a preparar nuestros corazones hoy para el día de mañana.

He visto que esto es cierto en mi propia vida.

Hace poco, participaba en una reunión de mujeres donde estaba a punto de subir al escenario y estudiar la Biblia con ellas. Y justo minutos antes, recibí una llamada que hizo que mi ansiedad se disparara. La opresión en mi pecho rápidamente dio paso a un torrente de lágrimas. La noticia me devastó por completo, pero tenía una tarea por delante.

Así que respiré profundamente.

Me limpié las lágrimas.

Susurré la única pizca de verdad que podía recordar de los versículos bíblicos que había estado repitiendo en mi mente: *Dios es fiel. Él es agua viva para mi alma* (Isaías 55:10-11; Juan 7:38; Juan 4:13-14).

Entonces me dirigí a mis amigas que estaban conmigo y les dije: «Así es como se ve caminar con la fuerza del Señor. No lo olviden nunca. Él es siempre fiel». Me adentré en el estudio de las Escrituras y quedé asombrada por el poder del Espíritu Santo que se derramó sobre nuestra reunión.

No les cuento esto para resaltar mi propia fuerza, porque francamente, no sentí que tuviera mucha en ese momento. No obstante, si te estás preguntando: *¿Realmente importa si hoy leo la Palabra de Dios?*, recuerda que almacenar las Escrituras en lo más profundo de nuestros corazones nos prepara para los momentos imprevisibles. Las circunstancias inesperadas. Los momentos que nos quitan el aliento, dejándonos sin otra opción más que confiar en que Dios nos conducirá a través de ellos.

He descubierto en mi propia vida que los días en los que menos me apetece abrir la Palabra de Dios son los días en los que más la necesito.

Abramos la Palabra de Dios hoy. Tanto si tienes ganas como si no estás segura de poder hacerlo, aunque solo sean uno o dos versículos, lee las Escrituras. Puedes comenzar con los pasajes que mencioné anteriormente. O acudir a uno de tus viejos favoritos. Más que solo leer sus palabras, debemos elegir recibirlas. Más importante aún, debemos vivirlas.

Mientras más apliquemos las enseñanzas de Dios a nuestras vidas, más se volverán una parte de nosotras. Para hoy. Para algún día. Para cada día.

POR LA NOCHE

Nuestro compromiso de meditar en la Palabra de Dios no debe limitarse a una disciplina matutina. También es un hermoso ejercicio para hacer justo antes de irnos a dormir. Cuando estamos atravesando algún desafío y nos sentimos tentadas a quedarnos dormidas pensando en todas las cosas difíciles, la Palabra de Dios dirige nuestros corazones y mentes hacia las verdades sanadoras.

He aquí algunos versos para empezar esta noche:

- «En Dios, cuya palabra alabo, en Dios he confiado, no temeré. ¿Qué puede hacerme el hombre?» (Salmos 56:4).
- «Envió su palabra, y los sanó, y los libró de su ruina» (Salmos 107:20, RVR1960).
- «En paz me acostaré y así también dormiré, porque solo Tú, SEÑOR, me haces vivir seguro» (Salmos 4:8).

Si pudiera retroceder el tiempo y animar a mi yo más joven durante una temporada de desesperación, me recordaría algo que mi amiga Kimberly Henderson me dijo un día sobre la Palabra de Dios: «Algunos días la Palabra de Dios nos va a alimentar de inmediato como el pan, y otros días puede sentirse más como si contuviera semillas. Palabras que tal vez no comprendamos todavía por qué las necesitamos, pero que deben ser depositadas en nuestros corazones para que puedan crecer».

ALGO PARA ENTREGARLE A DIOS HOY:

_____

_____

UNA ORACIÓN PARA DECLARAR ANTES DE DORMIR:

Jesús, en los días en que me siento tentada a dejar de pasar tiempo en tu Palabra, recuérdame lo que he leído hoy. El tiempo dedicado a tu Palabra nunca se pierde. Gracias por la forma en que tus palabras proporcionan dirección, instrucción y sabiduría tanto para el día de hoy como para el futuro. En el nombre de Jesús, amén.

DÍA

11

Tener
todas las
respuestas
no es lo
que más
necesito

> «Estas cosas les he hablado para que en Mí tengan paz. En el mundo
> tienen tribulación; pero confíen, yo he vencido al mundo».

JUAN 16:33

POR LA MAÑANA

He estado estudiando mucho la vida de Jesús. Cómo él reaccionaba cuando la gente lo hería profundamente. Cómo manejaba el latigazo de ser amado por un momento y desechado al siguiente. Cómo se mantenía en paz, pero otras veces su alma se sentía «muy afligida» (Marcos 14:34). Cómo sabía que Judas iba a traicionarlo y le lavó los pies de todos modos.

Y estoy aprendiendo mucho.

Cuando quiero saber desesperadamente por qué, me acuerdo de que Jesús tenía todas las respuestas, y aun así lloró (Juan 11:35).

Entonces, tal vez tener las respuestas de por qué experimentamos dolor no sea tan reconfortante como siempre pensé que lo sería.

Tal vez no entender es lo que hace crecer nuestra fe. Quizás estar demasiado llena de respuestas es lo que frena la fe.

Al final, creo que cuando pasamos por diversas pruebas, esto es una oportunidad para ser el más puro reflejo de Jesús.

Este es mi mayor deseo. No lo haré perfectamente. Pero buscaré hacerlo de todo corazón.

A veces, Dios tiene que acercarse a nuestros corazones llenos de preguntas y susurrar suavemente: *No necesitas tener todas las respuestas. Solo tienes que confiar.*

¿Cómo podría esto verse reflejado en tu vida? En lugar de preguntarte por qué estás pasando por algo difícil, puedes preguntarle a Dios cómo quiere usar esta situación para ti. O tal vez simplemente sal hoy afuera, y cuando mires hacia arriba y te des cuenta de que el cielo no se está cayendo y todavía estás respirando, entrégale tus preguntas de *por qué* a Dios y confía en él para llevar las razones. Luego imagina que te toma de la mano mientras sigues avanzando.

A veces, Dios tiene que acercarse a nuestros corazones llenos de preguntas y susurrar suavemente: «No necesitas tener todas las respuestas. Solo tienes que confiar».

POR LA NOCHE

Cuando estamos en medio de la lucha con Dios a causa de nuestras preguntas, es fácil sentir que él nos ha dejado solas para que lo resolvamos todo. Sin embargo, amiga, incluso en las cosas que no entendemos, él está aquí con nosotras ahora mismo.

Dios no se siente intimidado por tus preguntas. Él está presente en medio de ellas. Y no está ocultando su bondad de ti. Dios quiere que descubras su bondad mientras sigues confiando en él.

¿Qué preguntas de *por qué* quieres entregarle a Dios esta noche de modo que no tengas que seguir sintiéndote agobiada con su carga? Después de todo, incluso si tuvieras esas respuestas hoy, lo más probable es que saber las razones no haría desaparecer el dolor y puede que nunca tenga sentido para ti de todos modos.

ALGO PARA ENTREGARLE A DIOS HOY:

_____

_____

UNA ORACIÓN PARA DECLARAR ANTES DE DORMIR:

Señor, gracias por quién es Jesús, alguien que comprende profundamente lo difícil que puede ser luchar con las preguntas de por qué como un ser humano. Gracias por la verdad de que, cuando oro, me escuchas. Tú llevarás las razones por las que esto sucedió, porque solo tú sabes qué hacer con ellas. Y tú me guiarás. Porque Jesús ha vencido al mundo, sé que también me ayudarás a vencer lo que estoy enfrentando. Te amo, Señor. En el nombre de Jesús, amén.

DÍA

12

Cuando lo bello
es difícil de
encontrar

> *Yo hago algo nuevo, ahora acontece; ¿no lo perciben? Aun en los desiertos haré camino y ríos en los lugares desolados.*
>
> ISAÍAS 43:19

POR LA MAÑANA

Parte de aprender a ver lo bello de nuevo es reconocer que una temporada difícil no significa que todos los días tengan que ser difíciles.

El dolor y la celebración pueden coexistir. De hecho, creo que debería ser así. Todavía se puede encontrar belleza en las cenizas (Isaías 61:3). El gozo puede hallarse en medio de las dificultades, y la paz puede existir en medio de un conflicto no resuelto.

Y todavía hay muchas razones para celebrar y darle gracias a Dios.

Eso no significa que hagamos una fiesta y finjamos una celebración. Pero sí quiere decir que a pesar del dolor de las heridas, podemos encontrar intencionadamente un motivo por el que celebrar en medio del dolor de hoy. Quiero recordarte hoy que esto es posible para que no te lo pierdas.

- Escucha esa canción, aquella con la que no puedes quedarte desanimada cuando su ritmo se eleva al máximo.
- Baila. Canta. Déjate llevar por un momento.
- Mira algo divertido con una amiga y recuerda lo bien que se siente reír.
- Párate frente al mar o un lago y recuerda lo grande que en realidad es el mundo. Hay nuevas alegrías que descubrir y disfrutar y, sí, celebrar.

Dios hoy nos tiene reservada la belleza. Solo tenemos que buscarla de manera intencional. Pidámosle a Dios que nos la muestre. Creamos que ya está ahí afuera para que la encontremos.

Y cuando no te sientas valiente, di esto: «Soy mucho más fuerte de lo que jamás soñé. Y cuando no lo soy, Dios lo sigue siendo. Gracias, Dios. Ayúdame, Dios. Muéstrame, Dios».

Encuentra la belleza hoy. Sé que está esperando que la descubras.

Una frase para recordar al comenzar el día de hoy:

Una temporada difícil no significa que todos los días tengan que ser difíciles.

POR LA NOCHE

¿Necesitas que te recuerden cómo es ver lo bello de nuevo?

Volver a ver lo bello es ese destello de paz inexplicable. Es un recordatorio de que este mundo grande y a veces aterrador todavía tiene el toque de Dios y la presencia de Dios en él. Donde Dios está, se puede encontrar la belleza.

Cuando veo algo bello, trato de capturarlo con palabras o una imagen.

Es decidir llevar un paraguas de colores divertidos en los días más lluviosos. Es notar que el sol amarillo se despide de este día lanzando besos de color naranja y rosa. Es caminar por un puente de

madera y ver los inesperados y magníficos colores del pantano que me toman por sorpresa. Es darse cuenta de la intencionalidad que Dios pone en los detalles más pequeños de la naturaleza y saber que él es igual de intencional con un buen plan para mi vida también.

Ver lo bello es recordar intencionalmente la bondad y la fidelidad de Dios.

Es un momento que se siente bien incluso cuando otras cosas no lo hacen. Es una brisa de verano, una tarta de lima, y pedir macarrones con queso por capricho porque me recuerda algo bueno y adecuado de mi infancia.

Ver lo bello es un verso de las Escrituras que se instala en mi alma y una oración que me tranquiliza. Es escuchar una canción que capta lo que siento en una letra y un estribillo con un ritmo realmente bueno.

Es decir: «Vamos a lograr esto juntas». Y entonces lo haces.

¿Puedo susurrarte algo antes de que te vayas a dormir esta noche?

La belleza también está allí en tu vida.

A veces solo hace falta notarla para finalmente deleitarse y reconfortarse con ella. Recuerda que Dios creó todo lo bello, y él se complace cuando lo descubrimos. Creo que todavía hay belleza en tu vida, y Dios está esperando cada día para que la experimentes, amiga.

ALGO PARA ENTREGARLE A DIOS HOY:

_____

_____

UNA ORACIÓN PARA DECLARAR ANTES DE DORMIR:

Señor, creo que tú ves cosas que yo no puedo ver, así que te pido el valor para seguir avanzando incluso cuando me cuesta ver lo que tú estás haciendo en mi vida. Sé que siempre estás obrando más de lo que mis ojos pueden ver, y confío en ti con todo mi corazón. Ayúdame a ver toda la belleza que has puesto en mi vida, aun en los lugares inesperados e improbables. En el nombre de Jesús, amén.

13

Siembra
pequeñas
semillas
que cosechen
grandes
recompensas

Otra parábola les contó Jesús: «El reino de los cielos es semejante a un grano de mostaza, que un hombre tomó y sembró en su campo, y que de todas las semillas es la más pequeña; pero cuando ha crecido, es la mayor de las hortalizas, y se hace árbol, de modo que LAS AVES DEL CIELO vienen y ANIDAN EN SUS RAMAS».

MATEO 13:31-32

POR LA MAÑANA

¿No es fácil ignorar las pequeñas oportunidades de ayudar a los demás porque pensamos que no supondrán una gran diferencia?

Los pequeños actos de bondad, las oportunidades de ayudar a otra persona, pasan de largo si no prestamos atención.

Estas cosas pueden parecer insignificantes, pero cuando lleguemos al cielo, creo que nos sorprenderá saber qué fue lo más importante, lo que realmente cambió el mundo, lo que cumplió los propósitos para los que fuimos creadas.

Los pequeños lugares en los que nos presentamos y servimos con obediencia harán que Jesús diga: «Bien hecho. ¿Recuerdas cuando te tomaste el tiempo para compartir palabras de aliento con alguien que lo necesitaba? Ese es el día en que ayudaste a cambiar el mundo».

Sin embargo, también sé que cuando una se siente invisible, ignorada e inadvertida, puede resultar increíblemente difícil encontrar palabras de aliento para otros.

No pasemos por alto las pequeñas oportunidades en las que podemos invertir en otros —en el cielo— hoy. Amiga, no importa lo que estés sintiendo ahora, esto es lo que quiero que intentes conmigo:

- Si te sientes invisible, ayuda a una persona a sentirse apreciada recordándole lo singularmente bella y talentosa que es.
- Si te sientes ignorada, ayuda a una persona a sentirse escuchada creando el espacio para atenderla cuando te habla y preguntándole en oración a Dios cómo puedes animarla.
- Si te sientes inadvertida, ayuda a una persona a sentirse notada honrando las pequeñas cosas increíbles que hace cada día para que el mundo sea un lugar mejor.

¿Y por qué hacer todo esto? Porque he descubierto que si nos proponemos aliviar el dolor de los demás, veremos que maravillosamente también se alivia el nuestro.

El dolor que no se ve. El dolor que no se oye. El dolor que no se advierte.

Empecemos con las personas que tenemos hoy delante de nosotras. Y observemos y veamos cómo Dios convierte lo pequeño en algo grande y hermoso en su tiempo.

Si nos proponemos aliviar el dolor de los demás, veremos que maravillosamente también se alivia el nuestro.

POR LA NOCHE

Antes de que termine este día, tomemos juntas algunas decisiones.

Queremos vivir en un mundo mejor, ¿verdad? Entonces, hagámoslo mejor. Comprometámonos a traer el cielo a la tierra con las palabras cariñosas que pronunciamos y los momentos que cultivamos que nos hacen reír.

No tiene que ser algo grande para que sea significativo. Podemos estar presentes, escuchar y aprender. Podemos orar y soñar. No tenemos que presionar, probar o ganar nada.

Podemos planear algo alegre.

Podemos planear algunos momentos que importen.

Podemos planear hacer algo por otra persona que simplemente sea amable y honre a Dios.

No puedo esperar a ver qué belleza nos sorprenderá mañana porque empezamos a buscarla hoy. Dulces sueños, hermana. Te quiero. Le agradezco a Dios por tu vida y creo en ti.

ALGO PARA ENTREGARLE A DIOS HOY:

_____

_____

UNA ORACIÓN PARA DECLARAR ANTES DE DORMIR:

Dios, gracias por las maneras en que me amas. Veo tu fidelidad de formas grandes y pequeñas cada día. Te ruego que me muestres pequeñas maneras en las que puedo invertir a lo grande en la eternidad ayudando a aquellos que pones en mi camino. Muéstrame a alguien a quien animar, a alguien a quien servir, a alguien que necesite que se le recuerde que tú estás con ella. Sé que no puedo ayudar a todos, pero eso no significa que no deba ayudar a alguien. En el nombre de Jesús, amén.

DÍA

14

Un recordatorio de Viernes
Santo para un día corriente

> «Mi alma está muy afligida, hasta el punto de la
> muerte», les dijo; «quédense aquí y velen».
>
> MARCOS 14:34

POR LA MAÑANA

*t*Todas sabemos lo que es luchar contra esas profundas decepciones de la vida que perduran cada vez más. Todas hemos vivido situaciones en las que hemos hecho innumerables oraciones, suplicándole a Dios que intervenga y cambie las cosas. Incluso Jesús elevó oraciones llenas de lágrimas de desesperación para que Dios hiciera las cosas diferentes.

Mira las palabras de esta oración que pronunció después de la última cena con sus discípulos: «Mi alma está muy afligida, hasta el punto de la muerte», les dijo; «quédense aquí y velen» (Marcos 14:34).

En Marcos 14, Jesús estaba en el jardín de Getsemaní sintiendo el peso aplastante de lo que sabía que debía soportar. Él sabía muy bien lo que pronto experimentaría durante la crucifixión. Jesús conocía ese sentimiento que devasta el corazón. Él lo sintió. Luchó contra él. Lo llevó consigo.

He encontrado mucho consuelo al recordar la humanidad de Jesús en esta escena del jardín de Getsemaní. Sí, Jesús estaba libre de pecado, pero conocía muy bien los golpes abrumadores por causa de los pecados cometidos contra él. Jesús comprendía la traición, el abuso y el abandono de las personas en las que debería haber podido confiar.

Al comenzar este día, anímate porque no estás caminando sola en tu dolor. No estás caminando incomprendida. Estás caminando con Jesús. Él te escucha. Él te ve. Él te entiende.

--- Una frase para recordar al comenzar el día de hoy: ---

Jesús estaba libre de pecado, pero conocía muy bien los golpes abrumadores por causa de los pecados cometidos contra él.

POR LA NOCHE

El Viernes Santo no fue el final de la historia para Jesús. Y hoy tampoco tiene la última palabra en nuestras historias.

Esta mañana hemos leído Marcos 14 sabiendo cómo termina el relato. El Viernes Santo nos recuerda que cuando todo parece perdido, cuando la oscuridad parece apoderarse de nosotras, hay esperanza en el camino. Conocemos un final mejor porque conocemos a un Salvador victorioso. La noche puede durar por un momento, pero la alegría llega por la mañana (Salmos 30:5).

Oh, amiga, anímate. Sigue aferrándote a la esperanza que tienes en Jesús. Él realmente entiende la profundidad de llevar el dolor y la esperanza al mismo tiempo.

La Pascua no es solo una celebración anual. Es una revelación personal para este momento. Es cuando lo desconocido se siente menos insoportable debido a la victoria segura del mañana.

Descansa en paz esta noche, sabiendo que Jesús es victorioso y la esperanza está en camino.

ALGO PARA ENTREGARLE A DIOS HOY:

_____

_____

UNA ORACIÓN PARA DECLARAR ANTES DE DORMIR:

Señor, gracias por las verdades que hoy he recordado sobre el Viernes Santo. Gracias por resucitar a Jesús de entre los muertos para que tuviéramos por siempre un recordatorio tangible de que hay esperanza y un camino para tener una relación contigo. Dame el valor y la fuerza para continuar esforzándome cuando las cosas se ponen difíciles. Recuérdame el Viernes Santo cuando me desanime. Siempre hay esperanza para este momento y alegría para el mañana. En el nombre de Jesús, amén.

DÍA

15

Puedes amarlos, pero no puedes cambiarlos

Por tanto, acerquémonos con confianza al trono de la gracia para que
recibamos misericordia, y hallemos gracia para la ayuda oportuna.

HEBREOS 4:16

POR LA MAÑANA

Las relaciones son maravillosas... hasta que dejan de serlo.

Todas las relaciones pueden ser difíciles a veces, pero no deberían ser destructivas para nuestro bienestar. Si tienes relaciones en tu vida en las que sabes que algo está mal, pero no tienes idea de qué hacer, lo entiendo. Sé lo que se siente cuando el cuerpo se tensa y el pulso se acelera mientras la mente le ruega a la otra persona: *¡Deja de hacer esto!*

La mayoría de nosotras no estamos preparadas para saber qué hacer cuando sabemos que las cosas tienen que cambiar, pero la otra persona no está dispuesta o no es capaz de cooperar con los cambios necesarios. Tu desafío puede ser con:

- Alguien que lo personaliza todo y es propenso a ofenderse, por lo que no puedes descubrir cómo abordar algo que esta persona hace repetidamente y no es aceptable para ti. Sabes que necesitas un límite, pero desconoces cómo comunicar esta necesidad.
- Una persona con autoridad sobre ti, y los límites no parecen funcionar.
- Un miembro de la familia que vive en tu casa, y aunque necesitas cierta distancia, establecer un límite no parece realista.

Has orado sobre este comportamiento o situación. Has tratado de sortearlo. Has hecho cambios. Es posible que incluso hayas intentado detenerlo. Has escuchado consejos sabios y hecho todo lo que sabes hacer. Sin embargo, al final, nada ha funcionado.

Finalmente te has dado cuenta de que si ellos no quieren que las cosas cambien, tú no puedes cambiarlos. Esta es una verdad terriblemente dura de aceptar, pero es una de las más liberadoras que he aprendido a abrazar.

La única otra opción es preguntarse en secreto si tú eres la que está loca. Amiga, puedes tener el corazón roto. Puedes estar triste. Puedes tener miedo y posiblemente sentirte enfadada. Puedes estar enfocada en tratar de arreglar lo que no está dentro de tus capacidades arreglar. E incluso puedes estar obsesionada con intentar resolverlo todo.

Sin embargo, no estás loca. Si hueles a humo, hay fuego. Y la única opción razonable en este momento es apagar el incendio o alejarse del mismo. Poner límites puede ayudar a apagar el fuego antes de que lo consuma todo. No obstante, si el fuego sigue ardiendo con mayor intensidad, tienes que alejarte del humo y las llamas. A veces, tu única opción puede ser distanciarte de esa persona y decirle adiós.

Los límites no van a arreglar a la otra persona, pero te ayudarán a mantenerte firme en lo que es bueno, lo que es aceptable, y lo que necesitas para permanecer sana y plena.

No sé qué límites necesitarás considerar; te desafío a procesar esta situación con el Señor y a pensar en qué cambios pueden ser necesarios junto a un consejero cristiano de confianza o una amiga sabia. Tal vez por hoy basta con sentarse y meditar en la verdad de que el único cambio sostenible sobre el que tienes control es el cambio sostenible que hagas para ti misma.

Sé que esto no es fácil, pero es bueno.

Una frase para recordar al comenzar el día de hoy: —

Los límites te ayudarán a mantenerte firme en lo que es bueno, lo que es aceptable, y lo que necesitas para permanecer sana y plena.

POR LA NOCHE

Aunque seamos impotentes para cambiar a otra persona, eso no significa que no podamos experimentar un cambio en nuestra propia vida. Los límites nos dan este regalo.

Ahora que has tenido un tiempo para procesar la verdad de la que hemos hablado esta mañana, quisiera que cerremos nuestro día considerando algunas preguntas que podrían ayudarnos a implementar algunos límites necesarios en nuestras vidas:

- ¿Qué sucesos o conversaciones han ocurrido que te hacen sentir como si no fuera aceptable establecer parámetros en esta relación?
- ¿Hay ciertos comportamientos que exhibe esta persona que hacen que establecer límites con él o ella parezca poco realista o imposible?
- ¿Qué cambios para bien podrían ser posibles en esta relación si se establecen ciertos límites?
- ¿Qué es y qué no es un comportamiento aceptable?
- ¿Cuáles son tus puntos de quiebre que te llevarían de lo saludable a lo enfermizo?
- ¿De qué eres realmente responsable? ¿De qué no eres responsable? (Ejemplo: «Soy responsable de llegar a tiempo a mi trabajo». «No soy responsable de la reacción o respuesta dura de mi compañera de trabajo durante una conversación»).

- ¿Cuáles son algunas de las cualidades que te gustan de ti misma y que quieres asegurarte de que las personas que amas experimenten cuando pasan tiempo contigo? ¿Cómo pueden los límites ayudar a que tus mejores cualidades sean cada vez más evidentes?

Recuerda, amiga, si alguien no quiere o no puede dejar de abusar del acceso personal que le hemos dado a nuestra vida, entonces debemos crear límites saludables.

Después de que hayas tenido tiempo para considerar estas preguntas, mañana por la mañana te mostraré cinco factores que te ayudarán a establecer límites saludables. No obstante, por ahora, dulces sueños, amiga.

ALGO PARA ENTREGARLE A DIOS HOY:

_____

_____

UNA ORACIÓN PARA DECLARAR ANTES DE DORMIR:

Señor, es una verdad aleccionadora darse cuenta de que no puedo cambiar a otra persona; solo puedo cambiarme a mí misma. Al procesar estas cuestiones y considerar dónde puede ser necesario establecer límites saludables, dame discernimiento, sabiduría y valor. En el nombre de Jesús, amén.

DÍA

16

Mejores límites conducen a mejores relaciones

Que su conversación sea siempre con gracia, sazonada *como* con
sal, para que sepan cómo deben responder a cada persona.

COLOSENSES 4:6

POR LA MAÑANA

Buenos días, amiga. Hoy quiero seguir avanzando en lo que respecta a los límites en nuestras relaciones. Para refrescarte la memoria, vuelve a mirar las preguntas que aparecían en el devocional de anoche.

Quisiera ofrecerte cinco factores que te ayudarán a establecer límites saludables en tu vida diaria. Sin embargo, antes de que los leas, quiero animarte en una cosa: no te sientas abrumada al leer los cinco puntos que debes recordar. Establecer límites de una manera saludable y que honre a Dios probablemente no sucederá de la noche a la mañana. Está bien si necesitas algún tiempo para sentarte, procesar y orar sobre cómo el establecimiento de límites saludables podría mejorar tus relaciones y tu vida personal.

1. Recuerda que un límite no está diseñado para controlar las acciones de la otra persona.

El propósito de un límite es ayudarte a mantener el autocontrol y la seguridad. Una amiga mía me dijo hace poco: «Pensé que estaba estableciendo un límite, pero en realidad solo estaba tratando de controlar la situación obligando a la otra persona a cambiar». Si tu enfoque es tratar de cambiar a la otra persona, entonces rápidamente sentirás que los límites no funcionan para ti. Es hora de cambiar tu enfoque hacia lo que puedes controlar con tu límite:

- tu entorno,
- lo que estás y no estás dispuesta a tolerar,
- lo que tienes o no tienes que dar.

Tu límite debería ayudar a establecer el escenario para que tus emociones permanezcan más reguladas, puedas recuperar la sensación de seguridad, y te sientas capacitada para hacer los cambios necesarios.

2. Recuerda que la gracia tiene un lugar en esta conversación.

Podemos ser amables en la forma de hablar sobre nuestras preocupaciones, nuestra necesidad de un límite y las consecuencias si el mismo se viola. Mi consejero, Jim Cress, siempre dice: «Di lo que piensas, piensa en lo que dices, y no lo digas de mala manera». Recuerda que lo más probable es que un límite signifique un cambio en la relación para ti y para la otra persona. No está mal que hagan preguntas y que incluso quieran saber el tiempo que durará este límite. Podemos ser amables en la forma de informar a la otra persona y responder a cualquier pregunta que sea razonable y apropiada.

Otra frase útil que me enseñó Jim cuando se tiene una conversación potencialmente desafiante es: «Sé curiosa, no furiosa». Puede resultar útil hacer preguntas sobre las preocupaciones de la otra persona en lugar de hacer suposiciones y acusaciones. Una vez más, no queremos dar demasiadas explicaciones ni debatir nuestra necesidad de este límite. Pero podemos ser amables en nuestra comunicación en torno al límite. Decide de antemano e incluso escribe lo que vas a decir.

Como una regla general, trato de comenzar con empatía y reconocer algo positivo de la otra persona antes de abordar lo que creo que debe cambiar. Hay muchos versículos de la Biblia que podrían ser útiles en este caso, pero uno de mis versos favoritos se lo repito a mi frustrado ser tan a menudo que lo tengo memorizado. Colosenses 4:6 dice: «Que su conversación sea siempre con gracia, sazonada *como* con sal, para que sepan cómo deben responder a cada persona».

Esto no significa que no digamos las cosas difíciles o no pongamos límites. Quiere decir que reconocemos que deseamos la resolución de los conflictos en lugar de la escalada de estos.

3. Recuerda que los límites te ayudan a luchar por la relación.

Los límites son tanto por tu bien como por el de la otra persona, para que no tengan que seguir luchando contra comportamientos, actitudes y patrones poco saludables. Podemos establecer un límite o prepararemos el terreno para los resentimientos latentes. Lidiar con las frustraciones de saber que las cosas deben cambiar, o intentar que la otra persona cambie, es mucho más perjudicial que entablar una conversación sobre los límites. Sí, los límites pueden parecer arriesgados, pero es un riesgo mucho mayor retrasar o negarse a tener estas conversaciones necesarias.

4. Recuerda que un límite sin una consecuencia real nunca se tomará en serio.

Hay que considerar con sabiduría y lógica las consecuencias de los límites transgredidos. Un límite que se presenta como un deseo esperanzador no es más que una débil sugerencia. Y un límite que se establece como una amenaza solo causará más daño. Si no podemos o no queremos aplicar una consecuencia, esa persona acabará dejando de respetar lo que tenemos que decir e ignorará todos los futuros intentos de establecer límites. Me ha resultado muy útil pensar en las consecuencias con antelación y procesarlas con mi consejero o amigas sabias.

Cuando estableces un límite, lo haces a favor de la relación, no en contra de esta. No es una acusación contra la otra persona. Simplemente, estás reajustando su acceso para que coincida con el nivel de responsabilidad que ha demostrado en la relación. Por desgracia, a menudo las personas que

más necesitan los límites son las que menos los respetan. Así que no debe sorprenderte ni tomarte desprevenida si esto ocurre. Puedes responder con amabilidad a esta frustración e incluso con empatía por el enfado de la persona. Sin embargo, considera esto como una afirmación de que estás haciendo lo correcto. Mantente firme y comunica las consecuencias con dignidad y respeto.

5. Acuérdate de reproducir en tu mente cómo te beneficiará este límite.

A veces sentimos el dolor de fijar un límite, y eso puede hacernos olvidar las buenas razones por las que necesitamos establecerlos. En el punto tres hablamos de cómo los límites son beneficiosos para ambas partes de la relación. Entonces, recordemos que también existe el beneficio de lo que un límite hará por nosotras personalmente. Estamos asumiendo la responsabilidad de mantener en control nuestra propia cordura, seguridad y serenidad. Como aprendimos ayer, no somos responsables de las decisiones de la otra persona, pero sí de nuestras acciones y reacciones.

Recuerda que estableces límites para dejar de sentirte tan atascada e impotente y permitirte llegar a un lugar más saludable. Es importante que pienses en los aspectos positivos de establecer límites y que ensayes con antelación cómo comunicarlos claramente desde un lugar de fortaleza, para que si las cosas se ponen difíciles y emocionales, no te rindas. Será todo un reto si tienes que aplicar las consecuencias, pero si ya has aceptado este proceso, no te sentirás tan confundida ni frustrada. Llegar a un lugar mejor es bueno aunque no se sienta bien en el momento.

Una frase para recordar al comenzar el día de hoy: ——— ||⋅|||

Llegar a un lugar mejor es bueno aunque no se sienta bien en el momento.

POR LA NOCHE

Amiga, sé lo difícil que puede ser aceptar la verdad de que no podemos cambiar a los demás. Sé lo que se siente al mirar el caos que te rodea y pensar: *¿Cómo es posible que no haya intentado asumir el control de la situación?*

No obstante, esto es lo que sé: no debemos esforzarnos por esa persona más de lo que ella está dispuesta esforzarse por sí misma. Aunque saques a una persona de las vías en este momento, mañana volverá a regresar a ellas. Si tu corazón está más comprometido con el cambio que el de la otra persona, entonces podrás retrasar el descarrilamiento, pero no podrás salvarla de él. Y por lo que he experimentado, mientras más salgas a las vías para intentar rescatar a alguien, más probable es que el tren los arrolle a los dos.

No lo digo a la ligera. Lo digo con cariño, porque es cierto. Desearía con cada fibra de mi ser poder decirte que puedes hacer lo suficiente para que un día esa persona cambie... dar lo suficiente... amar lo suficiente... perdonar lo suficiente... rogar lo suficiente... hablar lo suficiente... o controlar lo suficiente. Pero no es cierto. El cambio solo puede producirse desde adentro hacia fuera. El cambio verdaderamente sostenible y duradero debe venir del interior del corazón de la persona, no de la presión ejercida desde el exterior.

Ahora bien, esto no significa que no sigamos preocupándonos por esa persona. Tampoco quiere decir que nos alejemos de ella por completo, para siempre. No obstante, sí significa que cambiamos nuestro papel y la descripción de nuestro trabajo. Queremos que se salve, pero no somos su Salvador.

Antes de que termine este día, abre tus manos y renuncia a los esfuerzos que has estado realizando incansablemente por alguien, con la esperanza de que las cosas por fin den un giro para mejorar. Siento mucho lo que estás enfrentando en esta relación. Sé lo duro que es para tu corazón. Pero he visto según la experiencia en mi propia vida que los límites saludables realmente ayudan, y quiero lo mismo para ti.

Tal vez este sea tu próximo paso hacia la sanidad. Sé que lo vas a lograr, amiga. Buenas noches.

ALGO PARA ENTREGARLE A DIOS HOY:

_____

_____

UNA ORACIÓN PARA DECLARAR ANTES DE DORMIR:

Dios, gracias por las verdades de tu Palabra que nos ayudan a atravesar las situaciones de nuestra vida cotidiana. Mientras sorteo diferentes luchas en mis relaciones, sé que tú me mostrarás cómo amar bien a los demás sin perder lo mejor de mí en el proceso. Te amo, Señor. En el nombre de Jesús, amén.

DÍA

17

Todavía hay
personas
buenas en
el mundo

> ¿Quién subirá al monte del S̲e̲ñ̲o̲r̲? ¿Y quién podrá estar en Su lugar santo? El de manos limpias y corazón puro.
>
> SALMOS 24:3-4

POR LA MAÑANA

Cuando la vida se pone difícil, podemos sentirnos justificadas si nuestro corazón también se endurece y la lente a través de la cual vemos el mundo se ensucia por causa de las heridas del pasado.

Cuando esto sucede, dejamos de creer que lo mejor aún puede suceder en medio de nuestras circunstancias. Dejamos de creer lo mejor sobre las personas. Trasladamos las ofensas que alguien nos infligió a otras relaciones y nos volvemos demasiado cautelosas y demasiado sospechosas de que la historia se repita. Podemos fácilmente empezar a asumir que esta otra persona también nos hará daño, y empezamos a asignarle intenciones equivocadas que no tienen.

No obstante, amiga, si hoy estuviéramos sentadas tomando un café, te tomaría de la mano y te animaría diciéndote esto: cuando la vida se pone dura, deja que tu corazón se mantenga sensible. Deja que tus pensamientos sigan siendo verdaderos.

No llenes los vacíos con los peores escenarios. No asumas lo que otros están pensando. Escucha a tu discernimiento. Si algo te parece raro o falso, haz preguntas, verifica las respuestas y descubre que a veces las personas no son honestas. Sin embargo, al mismo tiempo, recuerda que hay muchos otros que son honestos, auténticos y genuinos.

El mundo está lleno de gente de buen corazón. Personas que quieren lo mejor para ti. Personas que se aferran a la verdad de la Palabra de Dios y te animan con palabras llenas de sabiduría provenientes de las Escrituras. Relaciónate con esas personas. Abraza el regalo de sus vidas.

Aunque la vida se vea diferente de lo que pensabas, todavía puede ser asombrosamente hermosa. Toma la decisión correcta aquí y ahora de que vas a dejar que tu corazón se mantenga sensible y a creer que todavía hoy podemos hallar la bondad.

— Una frase para recordar al comenzar el día de hoy: —

Cuando la vida se pone dura, deja que tu corazón se mantenga sensible.

POR LA NOCHE

Hoy he recordado que hay personas increíbles en este mundo.

Los que viven el mensaje del evangelio de las maneras más auténticas y hermosas. Los que no presumen de lo que hacen. Solo honran a Dios. Estoy muy agradecida por ellos.

Tómate un momento para darle gracias a Dios por algunas de las personas en tu vida que te mostraron mucho de Jesús hoy. Envíales un mensaje de texto rápido antes de irte a dormir para hacerles saber lo mucho que significan para ti.

Mientras le agradecemos a Dios por estas amigas en nuestras vidas, oremos también para que nos parezcamos cada vez más a estas amistades.

ALGO PARA ENTREGARLE A DIOS HOY:

_____

_____

UNA ORACIÓN PARA DECLARAR ANTES DE DORMIR:

Querido Señor, gracias por el regalo de la amistad que disfruto con las mujeres con las que tengo la oportunidad de vivir. Te ruego que hoy me muestres cómo elevar, animar y satisfacer las necesidades de las personas de mi comunidad. Pon a alguien en mi corazón hoy que necesite un toque de amor y aliento. En el nombre de Jesús, amén.

DÍA

18

Cuando te
sientas tentada
a juzgarla

> La bondad de ustedes sea conocida de todos los hombres.
>
> FILIPENSES 4:5

POR LA MAÑANA

Casi todos los días hablo con personas que están sufriendo por diferentes razones.

Cuando estamos en medio del dolor, una de las partes más difíciles no es solo la situación con la que estamos lidiando, sino también el dolor agravado por las cosas que otros hacen que sin saberlo aumentan nuestro dolor.

Se hacen suposiciones.
Se atribuye la culpa.
Se asignan calificativos.
Se juzga.

Tanto si sabemos que alguien está sufriendo como si no, podemos tomar una decisión esta mañana: *seremos personas bondadosas.*

¿Tu compañera de trabajo? ¿Tu amiga? ¿La mujer en el estudio bíblico que nunca parece comprometerse? ¿Esa desconocida cuyo hijo estaba gritando en el supermercado? ¿La vecina que siempre parece malhumorada y se queja de todo el mundo en su calle? Quizá esté lidiando con algún tipo de dolor que tú desconoces. O está tratando de entender algo muy complicado. Lo más probable es que esté afrontando o haya afrontado algo desafiante. ¿Cómo lo sé? Porque es un ser humano que vive en el mismo mundo confuso, a menudo caótico y difícil de entender que muchas veces quebranta tu corazón y el mío.

No tenemos que conocer todos los detalles de su historia. Sin embargo, podemos ser amables cuando nos cruzamos con ella.

En lugar de que nuestra primera reacción sea calificarla basándonos en lo que está *haciendo* en ese momento, oremos por ella en función de lo que probablemente esté *enfrentando* ahora en su vida. Y si es posible, ¿por qué no ofrecerle una palabra de aliento o un acto de bondad inesperado?

Tal vez no podamos ayudar a que el mundo entero sea hoy un lugar mejor. No obstante, ¿por qué no ayudar a aquellos que Dios pone delante de nosotras? El juzgamiento puede terminar con nosotras cuando la bondad fluye a través de nuestras vidas. Juntas, mostrémosles hoy a las personas un poco menos de juicio y mucho más de Jesús.

El juzgamiento puede terminar con nosotras cuando la bondad fluye a través de nuestras vidas.

POR LA NOCHE

Hubo un tiempo en mi vida en el que el corazón me dolía tan profundamente que nada me ayudaba.

Sin embargo, recuerdo un día cualquiera en el que una de mis amigas inesperadamente me trajo la cena. Ni siquiera me pidió entrar. Simplemente me envió un mensaje de texto diciéndome que había dejado la cena en el porche, permitiéndome así tener mi espacio mientras se aseguraba de que yo sabía que ella estaba allí para mí.

Me conmoví hasta las lágrimas, porque acababa de orar para que Dios me ayudara. Y entonces apareció mi amiga.

Aunque la sopa que preparó no fue la solución para lo que estaba enfrentando, me sentí mucho menos sola. Y me sentí cuidada por Dios.

Antes de que termine este día, oremos para que seamos más conscientes de las personas que están sufriendo a nuestro alrededor. Puedes amar, ayudar y orar por alguien sin conocer la historia completa. Ayuda ante una pequeña necesidad evidente. Ora por lo que *sí* conoces.

Y cuando de repente nos encontremos en el asiento del sufrimiento (y todas estaremos allí en algún momento), lo que hemos modelado para otros a menudo se nos devolverá. Así que esta noche, entreguémosle a Dios tanto nuestras vacilaciones para ayudar a los demás como nuestra resistencia a recibir la ayuda de otros.

ALGO PARA ENTREGARLE A DIOS HOY:

_____

_____

UNA ORACIÓN PARA DECLARAR ANTES DE DORMIR:

Dios, te pido por esa persona que me vino a la mente mientras leía el devocional de hoy. Oro para que tu consuelo y tu paz sean su compañía más cercana en este momento. Te ruego que animes los lugares heridos de su corazón. Ayúdala a creer confiadamente que tú sigues obrando a su favor, incluso cuando ella no pueda verlo. Cuando me sienta tentada a hacer suposiciones o juzgar de alguna manera, ayúdame a revestirme de bondad para que ella pueda ver más de ti a través de mí. Y recuérdame hacer algo amable por esta persona. Es posible que yo no sepa lo que ella necesita, pero tú sí. Ayúdame a saberlo también. En el nombre de Jesús, amén.

DÍA

19

Dejar lo
que
no me
corresponde
llevar

> Vengan a Mí, todos los que están cansados y cargados, y Yo los haré descansar.
>
> MATEO 11:28

POR LA MAÑANA

He estado llevando una carga que me ha agobiado durante mucho tiempo.

Y hoy, ahora mismo, en este minuto, decido dejarla. Se la entrego a Dios. Y me comprometo a no volver a cargarla.

Sospecho que puedes estar en una situación similar en la cual sigues tratando de controlar algo o a alguien completamente fuera de tu control.

- Es esa situación que no puedes arreglar, pero sigues preocupándote por ella de todos modos.
- Es ese deseo de cambiar a una persona que no está dispuesta a cambiar, pero sigues esforzándote más por ella de lo que está dispuesta a esforzarse por sí misma.
- Es esa expectativa que sabes que no es realista, pero sigues dejando que tu decepción secuestre tus emociones.
- Es ese anhelo que dices haberle entregado a Dios, pero sigues obrando detrás de escena, desesperada por arreglarlo tú misma.

Podemos ser responsables de hacer lo que debemos hacer en todos estos escenarios. Sin embargo, no debemos intentar hacer lo que solo Dios puede hacer. Hoy es un gran día para decir: «Basta. He hecho mi parte y ahora debo dejar que Dios haga la suya».

Podemos tomar la decisión de dejar las cargas que nunca fueron nuestra responsabilidad llevar. En pocas palabras, nuestro trabajo es ser obedientes a Dios. El trabajo de Dios es todo lo demás.

Juntas, vivamos en obediencia a Dios al declarar que le confiaremos a él lo que estamos dejando. Luego, llenemos ese tiempo que pasamos llevando esta carga con otras actividades vivificantes. Y decidamos dejar el resto en manos de Dios.

Una frase para recordar al comenzar el día de hoy:

Nuestro trabajo es ser obedientes a Dios. El trabajo de Dios es todo lo demás.

POR LA NOCHE

A veces pienso que me aferro a cargas que necesito dejar debido a que no veo evidencia tangible de que Dios esté haciendo algo.

No veo ningún cambio. Ninguna intervención. Ningún avance. Sin embargo, esto es lo que me recuerdo a mí misma mientras intento dejar lo que no me corresponde llevar: *no servimos a un Dios que no hace nada.*

Dios está obrando. Incluso en el silencio y lo desconocido.

Eso significa que puedo dejar de presionar. Puedo dejar de intentar mantener el control. Puedo dejar de tratar de convertir a la gente en algo que no es. Puedo aceptar la verdad de que hay un Salvador del mundo, pero no soy yo. Esto no significa que me rinda. Significa que estoy entregándole a Dios lo que nunca me correspondió llevar.

Deja esa carga que has decidido entregarle a Dios. Y luego descansa. Dios tiene todo bajo control.

ALGO PARA ENTREGARLE A DIOS HOY:

_____

_____

UNA ORACIÓN PARA DECLARAR ANTES DE DORMIR:

Dios, mientras descanso esta noche, te pido que me ayudes a dejar esta carga que se siente muy pesada. Te encomiendo todo: los resultados, las preguntas, lo desconocido. Ayúdame a recordar que aunque intentara seguir cargando con esto, no podría controlar el resultado. Tú eres el Salvador perfecto y suficiente que ya conoce el futuro, al que nada lo toma por sorpresa y que sabe cómo guiarme a través de esto. Mientras más confíe en ti, menos sufriré tratando de llevarlo todo yo misma. Te amo. En el nombre de Jesús, amén.

DÍA

20

Cuando los peores escenarios quieren escribir la historia

Por nada estén afanosos; antes bien, en todo, mediante oración y súplica con acción de gracias, sean dadas a conocer sus peticiones delante de Dios. Y la paz de Dios, que sobrepasa todo entendimiento, guardará sus corazones y sus mentes en Cristo Jesús.

FILIPENSES 4:6-7

POR LA MAÑANA

Hay algo que he aprendido sobre mí misma recientemente: a veces lo que en realidad me abruma no es que tenga demasiado que hacer o demasiado que procesar; sino que le he dado demasiado lugar al temor en todo lo que hago.

Miedo a lo desconocido.
Miedo a qué locura me voy a enfrentar la próxima vez.
Miedo a no ser capaz de ver cuándo o si la «normalidad» volverá algún día.

¿Te sientes identificada?

A veces, lo que realmente me hace tener miedo no es lo que está frente a mí, sino la forma en que proyecto todas las posibilidades temibles sobre lo que estoy enfrentando hoy. Tengo el hábito de correr mentalmente hacia el futuro, imaginando todos los peores escenarios, y luego regreso al presente y coloco esas imágenes en todas las paredes de mi mente.

Sin embargo, pongo a Dios como testigo de que ningún pensamiento sobre el peor de los casos me ha protegido. Solo ha proyectado el posible dolor del mañana en mi presente y ha alimentado más temor.

Hoy, le pido a Dios que me ayude a conocer la diferencia entre el discernimiento sabio y el temor. Y hay una gran diferencia. Uno me impulsa a recordar a Dios. El otro me impulsa a entrar en pánico. Y no podemos vivir en pánico y en paz al mismo tiempo.

En lugar de tratar de imaginar el futuro y arriesgarme a sentir pánico pensando en los peores escenarios, intencionalmente miro hacia atrás y medito en todas las áreas de mi vida donde puedo ver con claridad que Dios tenía un buen plan: me proveyó, me rescató y me ayudó a través de cada situación que enfrenté. Buscar la mano de fidelidad de Dios en nuestro pasado es mucho más tranquilizador que tratar de predecir el futuro. Dejemos a un lado nuestras historias de los peores escenarios y veamos qué tan diferente nos sentimos y qué tan diferente oramos.

No podemos vivir en pánico y en paz al mismo tiempo.

POR LA NOCHE

Una cosa que me ha ayudado cuando el miedo me paraliza y no entiendo lo que tengo frente a mí es susurrar esta oración: «Dios, ayúdame. Acompáñame. Guíame. Abrázame. Muéstrame el siguiente paso».

A menudo, mi siguiente paso no es caminar hacia adelante; es obtener la seguridad de la fidelidad de Dios recordando quién es él. Ya hemos trabajado esta mañana en buscar su mano de fidelidad al mirar cómo nos ayudó en el pasado. Ahora, antes de irnos a la cama esta noche, enfoquemos nuestras mentes en quién es Dios. Y recordemos que él nunca actuará en contra de su propia naturaleza.

Dios es amoroso. Dios es bondadoso. Dios es paciente. Dios es justo. Dios es omnipotente y omnisciente. Dios es perdonador. Dios es generoso. Dios es bueno.

Declara esas verdades sobre quién es Dios y siente su consuelo esta noche.

Luego, tómate un momento y mira hacia afuera. Mira esa gran extensión de estrellas y reconoce que hoy el cielo no se ha caído. No tenemos que temer. No tenemos que preocuparnos por lo que vendrá. El mismo Dios que hoy sostiene todas las galaxias en su lugar estará allí para recibirnos y guiarnos hacia la luz del día de mañana.

ALGO PARA ENTREGARLE A DIOS HOY:

_____

_____

UNA ORACIÓN PARA DECLARAR ANTES DE DORMIR:

Padre Dios, cuando me sienta tentada a dejar que los peores escenarios escriban y reescriban la verdad en la que creo, recuérdame que tú tienes el control. Recuérdame que eres digno de toda confianza. Recuérdame que no tengo que adelantarme ni estar preparada para cada cosa porque tú tienes todo en tus manos. Infunde esperanza en mi corazón y ayúdame a infundir esperanza en otros también. En el nombre de Jesús, amén.

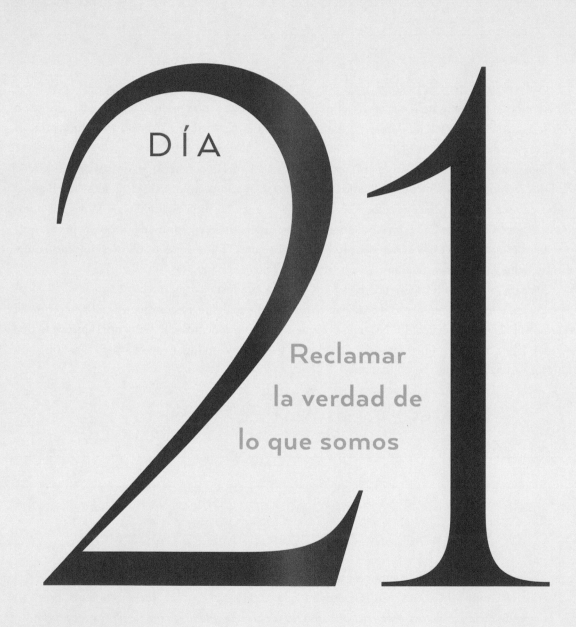

DÍA

21

Reclamar
la verdad de
lo que somos

> Y nosotros hemos llegado a conocer y hemos creído el amor
> que Dios tiene para nosotros. Dios es amor, y el que permanece
> en amor permanece en Dios y Dios permanece en él.
>
> 1 JUAN 4:16

POR LA MAÑANA

Hace un par de años, mi equipo de los Ministerios Proverbios 31 estaba pensando en un nuevo concepto para las camisetas.

Una vez que se diseñó, se imprimió y se entregó, era el momento de fotografiar la camiseta para la librería. Y yo me ofrecí como voluntaria.

Ahora bien, hay algo que debes saber sobre mí. No suelo ser la que levanta la mano y dice: «¡Me ofrezco como voluntaria para modelar esa camiseta!». No. El modelaje no es lo mío.

Sin embargo, esta camiseta tenía unas palabras que se sentían muy personales: *conocida y amada*.

Conocida y amada había sido un himno que sonaba de fondo durante algunos días realmente difíciles en los que me preguntaba si sobreviviría a las circunstancias a las que me enfrentaba. Y sabía que tomarme una foto usando esta verdad sería una buena manera de declarar lo que quería sentir con desesperación.

Porque en lugar de sentirme conocida y amada, me sentía olvidada y apartada. Necesitaba un recordatorio para volverme a Dios, abrir su Palabra y escuchar canciones de alabanza. Cuando hice esas cosas, pude escuchar el himno de la voz de Dios elevándose por encima del caos: *Lysa, te conozco y te amo mucho. Confía en mí. Vuélvete a mí. Aférrate a mí.* Él me sostuvo cuando apenas podía mantenerme en pie y me recordó lo que era cierto sobre mí cuando estuve tentada a olvidarlo.

Sobreviví. Y tú también lo harás.

Ruego que esas dos palabras —*conocida* y *amada*— te recuerden lo que Dios quiere que sepas hoy. Incluso si no te sientes amada. Incluso si no te sientes conocida o comprendida. Recuerda que nuestros sentimientos no siempre son una evaluación precisa de la verdad. Aférrate a las palabras de nuestro versículo de hoy: «Y nosotros hemos llegado a conocer y hemos creído el amor que Dios tiene para nosotros. Dios es amor, y el que permanece en amor permanece en Dios y Dios permanece en él» (1 Juan 4:16).

Una frase para recordar al comenzar el día de hoy: — ｜｜｜｜｜｜｜ —

Hoy y todos los días: Dios te conoce y Dios te ama.

POR LA NOCHE

Querida amiga, no sé quién en tu vida te ha dicho que no te asemejas a la más gloriosa creación del Dios todopoderoso. No sé quién ha declarado palabras acerca de ti que te han desnudado y quebrantado tu corazón.

No obstante, sí sé que cualquier declaración que hayan hecho sobre tu vida y que vaya en contra de la verdad debe calificarse como una mentira. La Palabra de Dios es la verdad. Y su verdad dice que eres una hija santa y amada por tu Padre celestial.

Eres una creación maravillosa.
Eres un tesoro.
Eres hermosa.
Eres plenamente conocida por él y amada en gran manera.
Eres escogida.
Eres especial.
Eres apartada.

Esta noche, libérate de la mentira que has estado creyendo que te hace sentir inferior a lo que eres. Luego pon tu mente y tu corazón en estas cosas y recuerda las palabras de Dios. Repite las palabras de Dios. Cree las palabras de Dios con todo tu corazón.

ALGO PARA ENTREGARLE A DIOS HOY:

_____

_____

UNA ORACIÓN PARA DECLARAR ANTES DE DORMIR:

Jesús, gracias por las palabras llenas de verdad de las Escrituras que siempre están ahí para recordarme quién soy realmente. Cuando mis propias inseguridades aumentan o los comentarios hirientes de otros amenazan con alterar esta verdad, ayúdame a creer que soy conocida y amada. Protegida y valorada. Escogida y apreciada. En el nombre de Jesús, amén.

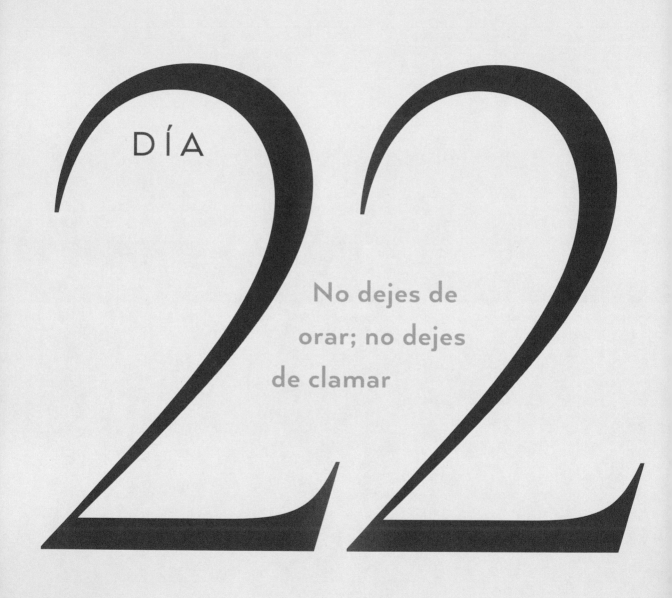

DÍA

22

No dejes de
orar; no dejes
de clamar

Estén siempre gozosos. Oren sin cesar. Den gracias en todo, porque esta es la voluntad de Dios para ustedes en Cristo Jesús.

1 TESALONICENSES 5:16-18

POR LA MAÑANA

¿Hay alguna oración que has estado esperando que Dios responda durante tanto tiempo que estás a punto de rendirte?

Entiendo lo que es eso de una manera muy personal.

Sabemos que Dios puede hacer cualquier cosa, pero no podemos entender por qué él no parece intervenir por nosotras en este momento. Lo he experimentado, y he derramado muchas lágrimas a causa de ello.

Resulta difícil cuando vivimos en ese lugar en el que nuestra mente sabe que Dios puede hacer cualquier cosa, pero nuestros corazones están apesadumbrados porque él no hace lo que esperamos, aquello por lo que hemos orado y lo que hemos creído... durante mucho tiempo.

Amiga mía, antes de que tires la toalla, quiero animarte esta mañana.

Sigue insistiéndole a Dios. Sigue orando. No te alejes. Él no te ignora; te escucha. Él te ama demasiado como para responder a tus oraciones en otro momento que no sea el indicado y de otra manera que no sea la correcta.

Seré yo quien dé testimonio de tu dolor hoy y te diga que cualquier cosa para la que estés creyendo en Dios, la estoy creyendo *contigo*. Él te escucha y te ve y es consciente de las lágrimas que has derramado y del dolor que estás experimentando (Salmos 56:8-9). A veces, el milagro que nos ofrece no cambia nuestras circunstancias ni nos trae las respuestas que deseamos con desesperación, pero él promete permanecer cerca de nosotras y seguir trabajando en nosotras. Y ese es un milagro divino por el que estoy muy agradecida.

Sigue llenando el lugar donde te duele el corazón con oración. Él está obrando aunque las cosas no se vean del modo en que pensamos que serían en este momento. Sigue clamando a Dios.

Recuerda que a veces la razón por la que sentimos que Dios no nos responde es porque seguimos esperando que su respuesta se corresponda exactamente con nuestras expectativas. Al igual que sus pensamientos son más altos que los nuestros y sus caminos mejores que nuestros caminos, tengo que creer que sus respuestas serán más acordes con lo que realmente es mejor para nosotras. Es por eso que seguirlo se llama *fe*. Cuanto antes le confiemos los resultados a él, más claramente podremos ver las evidencias de su fidelidad y las señales de la bondad que está entretejiendo hoy en nuestras historias.

Él te ama demasiado como para responder a tus
oraciones en otro momento que no sea el indicado
y de otra manera que no sea la correcta.

POR LA NOCHE

En caso de que te vayas a la cama esta noche sintiéndote cansada, sin palabras y sin saber qué orar, quiero compartir contigo mi oración favorita. Léela para ti misma:

Dios, quiero verte.
Dios, quiero escucharte.
Dios, quiero seguirte con determinación.
Y sé que...
Dios, tú eres bueno.
Eres bueno conmigo.
Eres bueno siendo Dios.
Por lo tanto, cambio mi voluntad por la tuya, porque estoy segura de que tú me guiarás a través de esto.

Gracias porque no tengo que resolverlo todo. Al terminar el día de hoy, quiero declarar qué actitudes y acciones tendré mañana: voy a buscar intencionadamente a alguien a quien perdonar y a alguien a quien bendecir mientras reconozco la evidencia de tu bondad y tu fidelidad a mi alrededor.

Esta noche, renuncia a esa expectativa a la que te has estado aferrando sobre lo que crees que debería hacer un Dios bueno.

Dios está escribiendo una hermosa historia para ti, amiga. Puedes descansar en paz y despertarte animada, sabiendo que Dios está trabajando más a tu favor detrás de escena de lo que podrías imaginar.

ALGO PARA ENTREGARLE A DIOS HOY:

_____

_____

UNA ORACIÓN PARA DECLARAR ANTES DE DORMIR:

Padre celestial, gracias por escuchar siempre mis oraciones. Ayúdame a no cansarme en mi vida de oración, sino a usarla para aumentar mi fe en tu fuerza y poder. Confío en ti con todo mi corazón y en todas las situaciones por las que estoy orando. En el nombre de Jesús, amén.

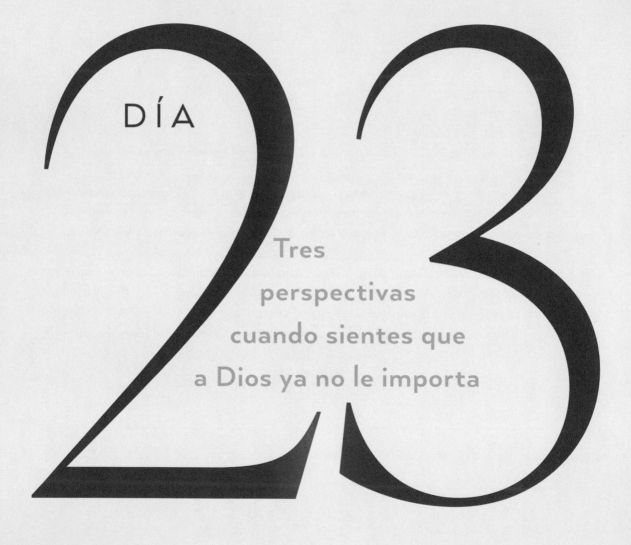

DÍA

23

Tres
perspectivas
cuando sientes que
a Dios ya no le importa

**Cercano está el SEÑOR a los quebrantados de corazón,
y salva a los abatidos de espíritu.**

SALMOS 34:18

POR LA MAÑANA

Dios, ¿estás ahí? ¿No ves por lo que estoy pasando?, pensaba mientras me miraba en el espejo.

Me sentía agobiada. Y estaba cansada de sufrir.

Uno de los lugares más difíciles para estar emocionalmente no es cuando tenemos el corazón quebrantado, sino cuando empezamos a creer que a Dios ya no le importa.

Oh, amiga, te amo demasiado para permitirte que creas esa mentira. Dios está aquí. A Dios le importa. Independientemente de en qué circunstancias te hayas despertado esta mañana, recibe estas tres verdades y deja que las palabras le informen a tu corazón lo que en última instancia es verdad:

1. *Dios a menudo trabaja en lo secreto.* Solo porque no podamos verlo o sentirlo no significa que él no esté haciendo nada. Dios no se esconde de nosotras; él está esperando que lo encontremos. Reconozcamos hoy lo que él está haciendo y lo que está proveyendo.

2. *Dios suele hablar con voz suave a nuestros corazones.* ¿Hay algo que Dios te ha estado impulsando a hacer y has estado resistiéndote o retrasándolo? Pídele la gracia y el valor para dar hoy ese paso. El que obedece hoy la instrucción de Dios podrá discernir su dirección con mayor claridad mañana.

3. *No confundas lo que parece una falta de intervención como una señal de su falta de afecto.* Busca las maneras en que Dios te muestra las garantías de su amor. Su profundo afecto te rodea hoy.

Hoy no es toda tu historia, amiga. Ni siquiera se acerca.

— Una frase para recordar al comenzar el día de hoy: — ||||·|||| —

*Dios no se esconde de nosotras; él está
esperando que lo encontremos.*

POR LA NOCHE

Cuando estamos sufriendo, es fácil creer que siempre nos sentiremos así. Que la vida siempre será así de dura.

Sin embargo, de vez en cuando vemos destellos de belleza que se sienten muy bien. Pequeños recordatorios para nuestras almas de que Dios es real y bueno, y de que el cielo está más cerca de lo que pensamos.

Me pregunto si estos momentos son como flechas que nos señalan el camino al cielo. Cuando lleguen esos momentos, permítete permanecer en ese hermoso espacio que descubres. Disfrútalo y almacena todo el valor que puedas en esos instantes.

Creo que Dios pone la belleza frente a nosotras como un recordatorio de que él es el creador del bien. Y él está obrando a tu favor también.

Esto es lo que sé: tu vida increíble, brillante y hermosa nunca debe reducirse a las limitaciones de vivir herida. Hay un gran mundo allá afuera. Hay nuevas aventuras y posibilidades increíbles que no querrás perderte. Así que crece en la gracia de Dios, dándola con gentileza y aceptándola con libertad.

Es hora de ponerse en marcha y seguir adelante. Esta es la belleza de confiar en Dios en medio de nuestra sanidad. Dulces sueños, amiga.

ALGO PARA ENTREGARLE A DIOS HOY:

_____

_____

UNA ORACIÓN PARA DECLARAR ANTES DE DORMIR:

Dios, incluso cuando me siento herida, ayúdame a no vivir varada en el sufrimiento. Recuérdame lo que es verdadero en medio de las dificultades. Abre mis ojos para ver lo que todavía es posible y hermoso y agradable y divertido incluso cuando mi corazón está herido. Gracias por no dejarme nunca sola para que resuelva todo por mí misma. En el nombre de Jesús, amén.

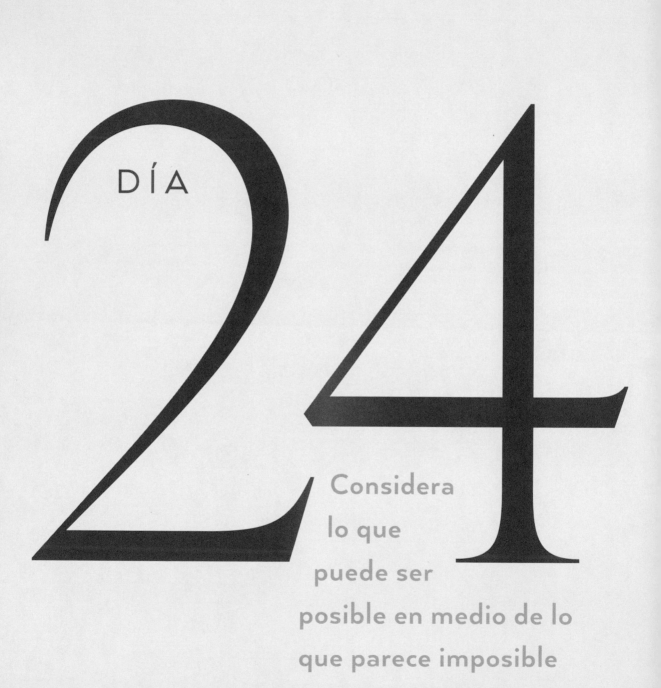

DÍA

24

Considera lo que puede ser posible en medio de lo que parece imposible

Mirándolos Jesús, dijo: «Para los hombres es imposible, pero no para Dios, porque todas las cosas son posibles para Dios».

MARCOS 10:27

POR LA MAÑANA

He aceptado el hecho de que el dolor y la celebración pueden coexistir. Por un solo día. Por todo un mes. Por una temporada.

No tienes que elegir a uno de ellos. Una persona puede simplemente tener ambas cosas.

Si estás luchando para ver las posibilidades y el potencial en medio de lo que se siente difícil, aquí hay una receta incompleta, pero potencialmente hermosa, para mejorar las cosas:

- Honestidad.
- Rechazo a dejarme llevar por mis pensamientos poco saludables o inseguros.
- Permiso para reír y llorar hoy. Permiso para disfrutar intentando algo nuevo. Y permiso para sentarme con un recuerdo de algo que añoro.
- Oraciones para que Dios me ayude a ser fiel a mi mentalidad más sana, saludable y santa.
- Aceptación del hecho de que voy a decepcionar a las personas. Aceptación del hecho de que otras personas me decepcionarán. Y la perspectiva de que no todas las decepciones son épicas.
- Permiso para ser humana mientras elijo no excusar o justificar los comportamientos que hieren a los demás.
- Gracia para dejar que los demás sean a veces frágiles, inconstantes y olvidadizos sin que yo los califique por sus errores.
- Sabiduría para saber que puedo ser tanto sabia como caprichosa. Firme y emocional. Madura y un desastre en progreso.
- Perdón para lo que no se puede cambiar y la voluntad para hablar y actuar sobre lo que sí puede ser cambiado.

Tal vez no todo esto sea posible para ti hoy. Pero considera... ¿cuál cosa *podría* ser posible? ¿Qué podría ser posible si lo intentaras? No tienes que hacerlo perfectamente para que resulte bueno. Recuerda que no debemos dejar que el dolor de ayer empañe la celebración de nuevas posibilidades en nuestro presente.

No debemos dejar que el dolor de ayer empañe la celebración de nuevas posibilidades en nuestro presente.

POR LA NOCHE

Sé que puede ser un gran reto encontrar la energía para disfrutar de las personas que todavía forman parte de tu vida cuando alguien a quien querías se ha ido. Puede ser doloroso imaginar que la vida vuelva a ser buena, normal y esperanzadora. Puede parecer que cuando esta parte terminó, todo lo demás de la vida terminó también.

Sin embargo, permíteme hablarle palabras de vida a tu corazón agobiado, roto y dolido antes de que te vayas a dormir: siempre hay un camino con Dios. Incluso cuando las cosas parecen imposibles, siempre hay posibilidades con Dios. Siempre hay potencial con Dios.

Mantente cerca de él. Permanece cerca de personas que lo aman. Sigue creyendo y buscando lo que es posible en medio de lo que parece imposible. Cuando veas la palabra *imposible,* piensa que Dios te recuerda que *en él es posible.* Y medita en eso mientras te vas a dormir.

Esta noche, rechaza la creencia de que un callejón sin salida es el final de todo lo que esperabas que fuera la vida, y abre tu corazón a las posibilidades esperanzadoras del futuro.

ALGO PARA ENTREGARLE A DIOS HOY:

_____

_____

UNA ORACIÓN PARA DECLARAR ANTES DE DORMIR:

Jesús, al irme a dormir esta noche, entrego en tus manos todo lo que parece imposible. Te pido que tu paz inunde mi mente y mi corazón y disipe toda incertidumbre que sienta. Ayúdame a mirar hacia ti en mis circunstancias y ver tu bondad y fidelidad incluso aquí. Ayúdame a no estar tan consumida por mi dolor que pierda la oportunidad de celebrar lo que tú estás trayendo a mi vida en este momento. En el nombre de Jesús, amén.

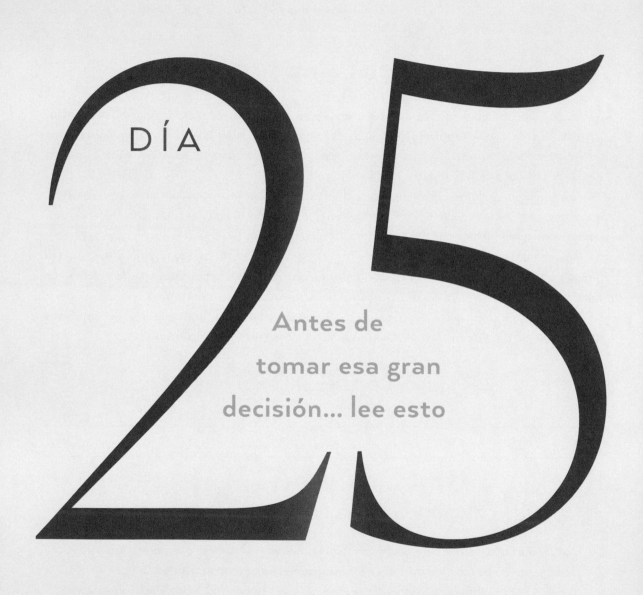

DÍA

25

Antes de
tomar esa gran
decisión... lee esto

¿Cómo puede el joven guardar puro su camino? Guardando Tu palabra.

SALMOS 119:9

POR LA MAÑANA

¿Hay alguna decisión con la que estés luchando hoy?

¿Tal vez estés considerando cambiar de trabajo, establecer un límite necesario en una relación o a qué eventos decir sí y no este mes? Incluso si no se trata de una de estas cosas, es probable que haya alguna decisión sobre la que estés orando, pensando o anticipando.

Esto es lo que sé: las dos palabras más poderosas son *sí* y *no*. La forma en que usamos esas palabras no solo comunica las decisiones que tomamos, sino también la intención de nuestros corazones y la dirección de nuestras vidas.

No queremos pensar demasiado en cada decisión que tenemos que tomar, pero tampoco queremos tomarla a la ligera. He aquí algunas preguntas que te ayudarán a pensar en tus decisiones:

- ¿Te está llevando esta decisión más cerca de lo mejor de Dios para tu vida o te está desviando de ello?
- ¿Está avalada por la sabiduría de amigos de confianza que se apoyan en la Palabra de Dios y escuchan la guía de Dios?
- Cuando pides el consejo de otras personas, ¿ocultas algunos detalles necesarios, esperando que estén de acuerdo contigo en lugar de desafiarte?
- Cuando piensas en esta decisión, ¿te sientes más tranquila o aterrada?
- ¿Es una decisión que hoy se siente bien, pero que podría tener consecuencias negativas a largo plazo?
- ¿Qué te costará esta decisión y es un costo que estás dispuesta a pagar?

Amiga mía, siento la urgente necesidad de tomarte de la mano y guiarte con ternura hacia la sabiduría divina. A veces la respuesta sabia no se sentirá conveniente. A veces no se sentirá justa o divertida. En ocasiones, la respuesta sabia requerirá que confíes en Dios pacientemente y no trates de hacer que algo suceda por ti misma. No obstante, si queremos vivir en la fecundidad de ser una persona sabia, debemos elegir la sabiduría una y otra vez en nuestra vida diaria. La sabiduría toma decisiones hoy que siguen siendo buenas para mañana. Eso es lo que quiero para mí. Y eso es lo que quiero para ti también.

No siempre acertaremos. Y sin duda en el pasado todas hemos tomado decisiones que desearíamos no haber tomado. Pero recordemos que las decisiones de ayer no tienen que definir nuestro presente. Decide esta mañana que sin importar las opciones que te parezcan hoy atractivas, te inclinarás por lo que más se ajuste a la Palabra de Dios.

Una frase para recordar al comenzar el día de hoy: —— ||||||

La sabiduría toma decisiones hoy que siguen siendo buenas para mañana.

POR LA NOCHE

Hace poco cuestioné a las personas a través de mis redes sociales con esta pregunta: «¿Cuál crees que es la mayor razón por la que la gente lucha para tomar decisiones?».

De forma abrumadora, la respuesta fue el *miedo*.

Miedo a lo desconocido.
Miedo a resultar herida.
Miedo a lo que piensen los demás.
Miedo a tomar la decisión equivocada.

Entiendo perfectamente todos estos miedos. Yo misma lucho con ellos. Y algunas luchas con el miedo son buenas. Pero a veces todavía siento que estoy luchando con el miedo hasta el punto de paralizarme y no poder seguir adelante.

He aquí una cosa que debes saber cuando tratas de tomar decisiones: no hay ninguna opción que resulte perfecta en todos los sentidos.

Mientras que desees agradar a Dios, ninguna decisión que tomes será completamente terrible. Tampoco ninguna decisión que tomes será completamente maravillosa. Cada decisión es un paquete de cosas tanto buenas como desafiantes. En otras palabras, ya que no hay una elección perfecta, no tengo que sentirme paralizada por el miedo por no estar tomando la decisión *correcta*.

Recuerda esto, amiga. No tenemos que ser perfectas; solo tenemos que ser obedientes.

Las promesas de Dios no dependen de nuestra capacidad para elegir bien, sino de su capacidad para usar bien.

Puedes descansar en paz esta noche sabiendo que no se trata de que aciertes en cada decisión. Se trata de permanecer cerca de Dios y dejar que él te guíe en todas las cosas. Dulces sueños, amiga.

ALGO PARA ENTREGARLE A DIOS HOY:

_____

_____

UNA ORACIÓN PARA DECLARAR ANTES DE DORMIR:

Querido Señor, confío en ti más allá de cualquier miedo que tenga de tomar una decisión equivocada. Hoy te entrego todas mis incertidumbres. Aquieta mi corazón mientras considero las decisiones que tengo que tomar. Revélate a mi vida. En el nombre de Jesús, amén.

DÍA

26

Dios te creó para ser tú misma

Porque somos hechura suya, creados en Cristo Jesús para buenas obras,
las cuales Dios preparó de antemano para que anduviésemos en ellas.

EFESIOS 2:10 (RVR1960)

POR LA MAÑANA

Hace unos años me invadió una oleada de nervios justo antes de hablarle a un gran grupo de consejeros cristianos a los que respeto mucho. Hola, vulnerable. Hola, temerosa de que pudieran analizar no solo mi mensaje, sino también mi salud mental.

Mientras oraba detrás del escenario, deseando no haber aceptado esta oportunidad y sintiendo miedo de la tarea que tenía ante mí, le pedí a Dios que me ayudara. Los otros oradores fueron muy impresionantes con sus habilidades para asombrar a la multitud y cumplieron maravillosamente su cometido al estar allí. Algunos tenían títulos imponentes y otros hicieron que la multitud se pusiera de pie con sus audaces declaraciones y su gran energía.

Yo no tenía nada de eso.

Justo antes de salir, el Señor me susurró al corazón: *Trae lo que tienes, y eso me complacerá*. Sentí empatía y una profunda comprensión de lo que se siente cuando tu vida se pone de repente patas arriba y tienes que aprender a vivir así durante un tiempo. Nada de eso me parecía impresionante. Se sentía muy ordinario. Pero el Señor tenía claro que esos consejeros no necesitaban una presentación brillante de una persona perfectamente sofisticada. Necesitaban una conversación compasiva. Recordatorios de su Palabra. Amor. Una amiga que los animara. Otro ser humano con el que pudieran relacionarse y conectarse.

Tan pronto como me di cuenta de lo que el Señor realmente quería de mí en ese momento, mi miedo comenzó a disminuir. No estaba allí para impresionarlos; estaba allí para conectarme con ellos.

Cuando subí al escenario, simplemente dije que no quería que pensaran en mí como una oradora y en ellos como el público. Quería que imaginaran que éramos viejos amigos que estaban reunidos debido a un amor compartido por el Señor y un deseo de aprender a vivir mejor juntos a través de su Palabra. Mientras compartía lo que había estado experimentando y algo de sabiduría que podría ayudarlos en sus momentos difíciles, me sentí tranquila y profundamente conectada con cada persona sentada en esa sala.

Jamás lo olvidaré. Aprendí algo importante: soy más valiente cuando soy más consciente de lo que el Señor quiere de mí. Entonces puedo adaptarme para ser su mejor versión de mí.

Puedo inhalar su aprobación.

Puedo exhalar el miedo, los nervios y la presión.

Puedo abrazar la firme confianza de ser exactamente la persona que me ha creado para ser.

No sé por qué estás ansiosa hoy, pero sí sé que el Señor no pretende que sientas la presión imposible de ser alguien que no eres. Él no te está pidiendo que impresiones a los demás, sino que te conectes con ellos. Recuerda que lo que impresiona a los demás a menudo los intimida. Aquello que es genuino y útil para otros a menudo los inspira.

Antes de que comience este día, inhala sus promesas para tu vida. Sacúdete la ansiedad. Y cumple con las asignaciones de Dios para ayudar a los demás de la manera en que él te ha diseñado con seguridad.

Una frase para recordar al comenzar el día de hoy:

Él no te está pidiendo que impresiones a los demás, sino que te conectes con ellos.

POR LA NOCHE

¿Qué oportunidad te ha robado el miedo al fracaso últimamente?

Sé lo convincente que el miedo puede sonar a veces en tu mente.

Pero amiga, sigue adelante y recibe estas palabras: el fracaso no es la peor cosa que puede pasar. Rechazar la invitación de Dios es mucho peor.

El éxito no es siempre la meta que Dios tiene para nosotras. Él quiere que aprendamos a ser perseverantes, valientes y humildes. Así que incluso el fracaso tiene sus dones. Tanto si tienes éxito como si no, mientras estés entregada a él, Dios puede sacar algo bueno de todo ello.

Niégate a quedarte atrapada en una prisión de miedo y atrévete a caminar en obediencia conforme a las instrucciones susurradas por Dios. Rompe con el miedo y abraza las posibilidades de la esperanza.

La esperanza cobra vida cuando decidimos dar un paso de fe y descubrir quién Dios designó que fuéramos y con qué propósito nos creó.

ALGO PARA ENTREGARLE A DIOS HOY:

_____

_____

UNA ORACIÓN PARA DECLARAR ANTES DE DORMIR:

Dios, no puedo escucharte guiándome cuando me siento intimidada por otros o cuando trato de impresionar a los demás. Ayúdame a silenciar esos guiones derrotistas que alimentan mis miedos e inseguridades. Mantén mis ojos, mis oídos y mi corazón abiertos a lo que tú me pides. Te amo. En el nombre de Jesús, amén.

DÍA

27

Sé lo suficientemente
valiente para decir que sí

> Y oí la voz del Señor que decía: «¿A quién enviaré, y quién irá por nosotros?». «Aquí estoy; envíame a mí», le respondí.
>
> ISAÍAS 6:8

POR LA MAÑANA

Dondequiera que te encuentres esta mañana, Dios tiene una misión para ti.

Ya sea grande o pequeña, es muy significativa para él. Por eso resulta tan importante despojarse del miedo. Esto nos libera para decirle que sí a Dios y caminar a través de las puertas que él abre para nosotras.

Dios podría llevarte por caminos inverosímiles a través de temporadas tranquilas en las que te preguntas si lo has escuchado mal. Te sentirás inadvertida. Lucharás con la duda. Y en los momentos más difíciles, puede que incluso cuestiones a Dios: *¿Por qué las tareas de otras personas parecen más fáciles que las mías?*

He pasado por eso.

Sin embargo, esto es lo que me han enseñado casi treinta años de ministerio: es crucial confiar en Dios en lo pequeño. Él te encontrará allí y te preparará. La preparación de Dios en las tareas más pequeñas te salvará en las asignaciones más grandes.

Y ni siquiera se trata realmente de lo que nos llamó a hacer; se trata de permanecer alineadas con su corazón.

Cuando Jesús te lleve a un lugar que no parece ajustarse a tus expectativas, recuerda sus palabras: «Vengan en pos de Mí» (Mateo 4:19), y entonces ve. Di que sí.

¿Adónde te está invitando Jesús a seguirlo hoy, amiga? ¿Qué podría suceder si dices que sí?

¡Una mujer que se mantiene cerca de Jesús y lo honra con cada paso que da, tanto grande como pequeño, cambia el mundo! Di que sí a convertirte hoy en ese tipo de mujer.

Una frase para recordar al comenzar el día de hoy:

La preparación de Dios en las tareas más pequeñas te salvará en las asignaciones más grandes.

POR LA NOCHE

Sé valiente.

Amiga, sabes por qué estás leyendo esto. Solo necesitabas verlo por escrito. Así que, esta noche, esto es para ti:

Eres más fuerte de lo que crees.

Estás a salvo en la misericordia de nuestro gran Dios. Él estará contigo.

No te asustes ni te desanimes por las cosas que no entiendes o el porvenir que parece aterrador.

Incluso si no puedes ver todo el camino, confía en que la bondad está por delante. Aférrate a su verdad y deja que Dios ilumine el camino paso a paso.

Determina en tu alma que cualquier lugar al que Dios te guíe es donde tú quieres estar.

No olvides esto esta noche, querida amiga. Sé valiente.

ALGO PARA ENTREGARLE A DIOS HOY:

_____

_____

UNA ORACIÓN PARA DECLARAR ANTES DE DORMIR:

Padre Dios, gracias por ayudarme a elegir confiar en ti dondequiera que me guíes. Es posible que no siempre me sienta valiente, pero quiero hacer lo que te agrada. Ayúdame a lograrlo. Ayúdame a avanzar en las asignaciones significativas que me has dado: las pequeñas, las grandes y todas las intermedias. En el nombre de Jesús, amén.

DÍA

28

Aunque nuestras circunstancias se desmoronen, permanezcamos firmes

> Y este es el mensaje que hemos oído de Él y que les anunciamos:
> Dios es Luz, y en Él no hay ninguna tiniebla.
>
> 1 JUAN 1:5

POR LA MAÑANA

No sé qué dura realidad está agobiando tu corazón esta mañana.

Sin embargo, hay algo que sí sé: el enemigo está atacando totalmente todo lo bueno, lo sagrado, lo puro y lo honesto. Él es el padre de la mentira (Juan 8:44) y quiere que creamos que si nuestras circunstancias se desmoronan, nosotras también lo haremos.

Pero Satanás es un mentiroso. Y lo que él dice no es cierto.

En medio de nuestras propias realidades difíciles, dediquemos un tiempo a recordar lo que *es* verdad sobre Dios y por lo tanto lo que es verdad acerca de nosotras:

- Dios nos ama y no nos dejará. Aunque nos sintamos solas, eso no significa que lo estemos.
- La batalla que enfrentamos ahora mismo le pertenece al Señor. Podemos hacer nuestra parte. Pero debemos confiarle el resultado a él. Dios peleará por nosotras. Podemos guardar nuestra energía emocional y usarla para profundizar en su Palabra como nunca antes. Incluso si sentimos que tenemos que arreglar nuestras circunstancias, una mejor estrategia es arreglar nuestros corazones y enfocar nuestras mentes en la realidad de que Dios está obrando y todo lo que él toca será redimido.
- Es posible que esta batalla no sea fácil ni breve, pero la victoria estará ahí para aquellos que confían en Dios. Incluso si lo que Dios está permitiendo hoy no se siente bien, podemos confiar en que él es bueno y a lo que sea que nos lleve, nos guiará a través de ello.
- Dios es bueno incluso cuando las circunstancias son más oscuras de lo que jamás imaginamos. Dios es bueno aun cuando las personas no lo son. Dios es bueno aun cuando las cosas parecen imposibles. Dios es bueno siendo Dios. Incluso cuando no podemos ver la salida, Dios ve el panorama completo. Él conoce el camino y nos lo revelará paso a paso si permanecemos con él cada día.
- Dios es el Redentor. El Sanador. El autor de la esperanza. El camino de la restauración.

Querida amiga, quédate quieta y conoce que él es Dios (Salmos 46:10). Incluso cuando parece que el mundo está en contra de nosotras, Dios está a nuestro favor.

La batalla que enfrento hoy le pertenece al Señor.

POR LA NOCHE

Si tu día no ha sido tan brillante ni luminoso... continúa leyendo.

La luz lucha... y gana. No importa lo mucho que la oscuridad intente apagarla, la luminosidad siempre se abre paso. Solo hace falta una pequeña cantidad de luz para vencer a una cantidad abrumadora de oscuridad. Los destellos de luz se abren paso en los espacios oscuros. Y lo que siempre me sorprende es que mientras mayor sea la oscuridad, con más fuerza brillará la luz.

Esto es cierto con la luz física. Y también lo es con la luz espiritual. Jesús derrotó la oscuridad del pecado y la desesperanza. Él lo hizo por mí. Y lo hizo por ti.

Jesús te ama.

Jesús te ve.

Y la batalla que estás enfrentando, sin importar cuán oscura se sienta, no está perdida.

Oro para que recuerdes esto cuando te vayas a dormir esta noche, querida amiga.

La luz encontrará la manera de ganar.

ALGO PARA ENTREGARLE A DIOS HOY:

_____

_____

UNA ORACIÓN PARA DECLARAR ANTES DE DORMIR:

Padre Dios, gracias por recordarme quién eres en medio de mis circunstancias. Te pido esta noche que permitas que tu verdad penetre en los lugares de mi corazón que están cansados y dubitativos. Te amo, Señor. Confío en ti para cada resultado e incertidumbre. En el nombre de Jesús, amén.

DÍA

29

Un lugar aparentemente muerto no
significa que Dios haya terminado

> Jesús le contestó: «Yo soy la resurrección y la vida».
>
> JUAN 11:25

POR LA MAÑANA

Esta mañana noté algo al pasar junto a una flor en mi sendero para bicicletas preferido.

Lo que ayer parecía carente de cualquier evidencia de posibilidad, hoy de repente cobra vida. Una pequeña flor había atravesado el asfalto increíblemente duro y había florecido con un color glorioso.

Necesitaba ver esto hoy. Necesitaba darme cuenta de esta realidad. Fue como si Dios mismo me detuviera en mi camino para que observara esto y enseñarme algo.

En mi corazón, sé que Dios a menudo hace su obra más poderosa en los lugares ocultos. Sin embargo, cuando estoy esperando verlo moverse en una situación familiar dolorosa con la que estoy lidiando, o responder a una oración por la que he seguido clamando, el misterio alrededor de su actividad invisible se siente cruel, no amoroso.

No obstante, esto es lo que esa pequeña flor me ha recordado hoy sobre Dios: todo lo que él toca, lo transforma. Un lugar aparentemente muerto no está fuera del alcance de nuestro Dios vivificador. Justo cuando estamos listas para rendirnos, Dios aparece. Justo cuando una situación parece acabada, Dios interviene. Justo cuando algo resulta imposible a nuestros propios ojos, Dios resucita lo que parece no tener arreglo. Y justo cuando reconocemos que algunas cosas realmente mueren, Dios crea un propósito a partir de ese dolor.

Es posible que Dios no nos dé ojos para ver lo que está haciendo en los lugares invisibles. Pero creo que nos dará corazones para confiar en él.

Para confiar en que él escucha nuestras oraciones incluso cuando no han sido respondidas de la manera en que pensábamos.

Para confiar en que él sigue siendo bueno incluso cuando las situaciones dolorosas parecen no tener sentido y ser interminables.

Para confiar en que él tiene buenos planes para nuestras vidas aunque nuestro futuro parezca incierto, aterrador y confuso.

Justo cuando estamos listas para dar algo por muerto, puedo oír a Dios decir: *No hasta que yo lo diga. Esto es parte de la historia, pero no es toda la historia.*

Una frase para recordar al comenzar el día de hoy:

Un lugar aparentemente muerto no está fuera del alcance de nuestro Dios vivificador.

POR LA NOCHE

Oh, amiga, no sé qué circunstancias devastadoras estás atravesando que parecen no mejorar nunca. Sin embargo, creo que Dios quiere que abracemos una poderosa verdad antes de irnos a dormir esta noche:

Aunque nuestras circunstancias no sean buenas, su propósito siempre lo es.

No tenemos que conocer todos los detalles. No tenemos que conocer los porqués y los cómos. Pero podemos confiar en que Jesús cumplirá su propósito.

Es posible que nos enfrentemos a un retraso, una distracción o incluso una devastación durante una temporada, pero ese no es nuestro destino final. La resurrección viene. Para algunas de nosotras, podría ocurrir milagrosamente hoy. Para todos los que confían en Jesús como su Salvador, ya sea que nuestras circunstancias cambien o no, hay una esperanza eterna, porque su poder de resurrección tiene la última palabra.

En la eternidad, Jesús gana.

La duda no tiene la última palabra. La enfermedad no tiene la última palabra. El sufrimiento no tiene la última palabra. Incluso la muerte no tiene la última palabra. El único que tiene la última palabra en nuestras vidas es Jesús. Podemos entregarle todo lo que esté pesando en nuestros corazones a aquel que es la resurrección y la vida. Tanto hoy como siempre.

ALGO PARA ENTREGARLE A DIOS HOY:

_____

_____

UNA ORACIÓN PARA DECLARAR ANTES DE DORMIR:

Padre, gracias por el poder que tienes para revivir lo que parece muerto. Ayúdame a recordar que debido a que has vencido a la muerte, no hay nada en mi vida que tú no tengas el poder para derrotar. Ayúdame a confiar en ti en el área de mi vida en la que me siento tentada a creer que ya es demasiado tarde o irreparable. En el nombre de Jesús, amén.

DÍA

30

Elegir la
confianza en
lugar del
control

Confía en el Señor con todo tu corazón, y no te apoyes en tu propio entendimiento. Reconócelo en todos tus caminos, y Él enderezará tus sendas.

PROVERBIOS 3:5-6

POR LA MAÑANA

Dios me está enseñando mucho acerca de cómo confiar en él.

Sin reservas. Por completo. De todo corazón.

Aunque el camino en el que estoy puede parecer incierto en este momento, él es fiel para alumbrarlo lo suficiente a fin de que pueda ver el siguiente paso. Y no se trata de que él sea misterioso, sino que esto es una gran manifestación de su misericordia.

En lugar de reprenderlo con mis sugerencias o proyecciones, apretando mis puños y buscando tener el control, simplemente necesito aceptar el siguiente paso que él me muestre. Y luego el siguiente.

Porque esto es lo que sé de mí misma: si Dios me revelara a través de un plano exacto hacia dónde me dirijo y lo que exactamente va a suceder, podría entrar en pánico si su plan no coincidiera con lo que yo quería desesperadamente. O podría sentirme tentada a adelantarme a su tiempo y tratar de hacer que las cosas sucedan por mi cuenta. Por otro lado, si él me mostrara muy poco y estuviera completamente silencioso y ausente, sin revelarse nunca a sí mismo o su guía, me paralizaría con la idea de que él me hubiera abandonado.

En su bondad, Dios nos da a cada una de nosotras la revelación suficiente para seguir adelante. La mayoría de los días, esta revelación es en la forma de una invitación a ser totalmente obediente a él ahora mismo. Si leo un versículo de las Escrituras, puedo sentir una punzada en mi corazón: *Lysa, ¿me estás obedeciendo en esto?* O cuando escucho un consejo sabio, soy desafiada: *Lysa, ¿estás dispuesta a poner en práctica lo que se te sugiere en esta situación?* A menudo, mi confusión no es porque Dios esté siendo misterioso; es porque no estoy siendo obediente.

Al comenzar este nuevo día, busco su rostro en lugar de tratar de descifrar su plan. En lugar de llenar los vacíos de lo desconocido con mis sugerencias a Dios, deposito mi confianza en él. Quiero invitarte a que me acompañes en esto.

Amiga, ¿en qué cosas necesitas confiar en Dios? Él es lo suficientemente confiable como para manejar cada situación y sostenerte con firmeza en el proceso.

No tenemos que saberlo todo para confiar plenamente en él. Podemos vivir un día a la vez. Un paso a la vez. Un acto de obediencia a la vez. Un destello de luz a la vez.

Incluso si no puedes ver todo el camino, confía en que la bondad está por delante. Aférrate a su verdad y deja que Dios ilumine el camino paso a paso.

No permitamos que los temores del mañana nos roben la alegría del presente. Decidamos hoy ser buscadoras de la luz y recipientes de la alegría.

No permitamos que los temores del mañana

nos roben la alegría del presente.

POR LA NOCHE

Mientras Dios me invita a confiar más en él, estoy descubriendo algo: estoy reconociendo que Dios tiene el control y me estoy liberando de cargar con el peso de intentar hacerlo todo.

Puedo renunciar a mi deseo de tener el control, mi apego a los resultados, mis interminables preguntas, dudas y miedos... poniéndolo todo en las manos del Dios que siempre permanece fiel. El Dios que va personalmente delante de mí. El Dios que nunca nos deja resolver todo por nuestra cuenta.

Mientras más confíe en Dios para que haga lo que solo él puede hacer, menos me le resistiré. Mientras menos me resista a él, menos sufriré de ansiedad por lo desconocido.

Dios nuestro, ayúdanos a confiar en ti en todas las cosas. Ayúdanos a ver que lo vamos a lograr. Y ayúdanos a dormir tranquilas, porque tú tienes todo bajo control.

ALGO PARA ENTREGARLE A DIOS HOY:

_____

_____

UNA ORACIÓN PARA DECLARAR ANTES DE DORMIR:

Padre Dios, gracias por recordarme que no tengo que tener todas las respuestas. Solo necesito confiar en ti. Ayúdame a fijar mis ojos en tu fidelidad. Me rindo y entrego toda mi vida en tus amorosas y poderosas manos. En el nombre de Jesús, amén.

DÍA

31

No estoy realmente segura de
que el Señor esté conmigo

> Bienaventurados los de limpio corazón, pues ellos verán a Dios.
>
> MATEO 5:8

POR LA MAÑANA

No quería decirlo. No quería sentirlo. No quería estar luchando con esto. Sin embargo, sé que es imposible solucionar los problemas que me niego a admitir que tengo.

No estoy segura de que el Señor esté realmente conmigo.

Me encontraba en una temporada en la que había estado involucrada en la iglesia durante mucho tiempo. Sin embargo, seguía teniendo la sospecha de que otros cristianos tenían una línea más directa a Dios que yo.

Las cosas parecían funcionar para ellos. Llevaban diarios de gratitud y tenían mucho que escribir en esas páginas cada día. Y cuando estudiábamos la Biblia juntos, tenían increíbles revelaciones que expresaban diciendo: «Estos versículos realmente hablaron a mi corazón». «El Señor me mostró algo sorprendente». O «Veo su mano moviéndose de una forma muy poderosa en mi vida ahora mismo».

Los escuchaba hablar con tal confianza que quería recoger en silencio mis apuntes y mi Biblia —que ni siquiera se acercaba a tener la cantidad de texto resaltado que tenían las suyas— e irme a casa. ¿Qué me estaba perdiendo?

A veces sentía una sensación de seguridad y consuelo al estar de pie con las manos levantadas en medio de una congregación que entonaba cantos de alabanza. O tenía un raro momento en el que sucedía algo increíble y podía declarar: «¡Vaya, mira lo que hizo el Señor!». Pero yo no era como esas otras mujeres que participaban en el estudio de la Biblia. Y tenía demasiado miedo de admitir mi incertidumbre ante alguien o de hacer preguntas.

Solo me quedaba callada. Y trataba de tener la misma confianza espiritual inquebrantable que tenían los demás. Mientras tanto, no podía deshacerme de los pensamientos persistentes: *Si Jesús realmente se preocupa por mi vida, ¿por qué parece esconderse de mí? Si Jesús realmente desea tener una relación conmigo, ¿por qué no puedo verlo, escucharlo ni conocerlo?* Quiero decir, si una relación humana fuera tan misteriosa, supondría que la persona me está esquivando, rechazando y dándome la pista no tan sutil de que debo seguir mi camino.

Entonces recordé un consejo que había escuchado sobre las relaciones: si las personas quieren mejorar sus conexiones con los amigos y la familia, tienen que comunicar sus deseos con más claridad.

Tal vez eso era lo que tenía que hacer con Jesús. Escribí en mi diario tres deseos que tenía para mi relación con él: 1. *Jesús, quiero verte.* 2. *Jesús, quiero escucharte.* 3. *Jesús, quiero conocerte.*

Al principio, se sentía muy extraño. Después de todo, sabía que probablemente no vería ni escucharía físicamente a Jesús. No obstante, mi corazón clamaba por ver la evidencia de su realidad en mi vida. Quería experimentar su presencia y caminar con la seguridad de que él me veía, me escuchaba y quería conocerme.

Entonces leí las palabras de Mateo 5:8: «Bienaventurados los de limpio corazón, pues ellos verán a Dios». Este versículo no dice que solo una persona perfecta verá a Dios. No, los puros de corazón —los que realmente quieren buscar a Dios— lo verán.

Seguí escribiendo en mi diario al respecto y un día decidí convertir esa lista en una oración que repetía cada día. Finalmente, añadí: «Quiero seguirte con firmeza cada día, así que antes de que mis pies toquen el suelo, te digo que sí». Decidí que también comenzaría a buscar su presencia con mayor intencionalidad a lo largo de mi día. Me sintonizaría con mis propias experiencias de vida y comenzaría a vivir con la expectativa de que esta oración fuera respondida.

Ya han pasado más de veinte años desde que empecé a declarar esta oración.

Y soy diferente porque he aprendido a practicar la presencia de Jesús y a experimentarlo cada día. Ha sido una búsqueda intencional y diaria. Lo busqué en los lugares inesperados. A través de lo bueno. A través de lo no tan bueno. Y en todo lo que hay en medio.

Todavía pienso en la duda que me perseguía en mis primeros días de seguir a Cristo: *No estoy segura de que el Señor esté realmente conmigo.* No puedo asegurar que la duda no vuelva a aparecer en mi mente. Sin embargo, lo que ha cambiado drásticamente es que ahora no me hace caer en una espiral de pánico y desesperanza. No temo que la duda sea una señal de que mi fe es débil. Todo lo contrario. Ahora me doy cuenta de que la duda es una invitación a empezar a buscar al Señor con más intención.

Quiero recordarte unas palabras del Día 23 antes de terminar esta mañana.

Dios no se esconde de nosotras; él está esperando que lo encontremos.

¿Cómo podrías buscar a Jesús hoy?

Una frase para recordar al comenzar el día de hoy: — ||||||

La duda es una invitación a empezar a buscar al Señor con más intención.

POR LA NOCHE

Si estás desesperada por la intervención de Dios en tu historia, oh querida amiga, lo entiendo.

No puedo darte una fecha exacta de cuándo esperar la llegada del milagro de Dios, pero puedo recordarte de nuevo la sabiduría que he aprendido a partir de mi propia vida.

No servimos a un Dios que no hace nada. Él siempre está obrando.

Una de mis historias favoritas de la Biblia es la de José en el libro de Génesis. Él pasó por años de rechazo, acusaciones falsas, un encarcelamiento injusto, y parecía que había sido olvidado... pero con Dios siempre hay un «mientras tanto». Dios estaba llevando a cabo algo que solo él podía hacer con las circunstancias por las que atravesaba José. Él estaba posicionando a José y preparándolo a fin de usarlo para ayudar a salvar las vidas de millones de personas durante una hambruna que de otra manera habría destruido a múltiples naciones.

Dios siempre está haciendo algo.

En este lado de la eternidad no siempre podemos ver cómo Dios está obrando en nuestras experiencias más dolorosas. Sin embargo, podemos permitir que la manera en que Dios actuó en la historia de José sea un recordatorio de su fidelidad en nuestras historias.

Ahora miro hacia atrás a diferentes situaciones en mi vida y pienso: *Vaya, nunca hubo un momento en el que Dios no hiciera nada.*

Amiga, el sufrimiento que cargas es enorme. Y si nadie más te ha dicho esto, yo quiero hacerlo: siento mucho por lo que has pasado. Tu dolor importa. No solo me importas a mí, sino también a Dios.

Antes de que te vayas a dormir esta noche, no te pierdas la gran cantidad de ternura que hay en las palabras de 1 Pedro 5:7: «Descarguen en él todas sus angustias, porque él tiene cuidado de ustedes» (RVC).

Sigue confiando en él. Sigue entrenando tus ojos para buscar a Dios. Él te ve. Él te ama. Y él sabe exactamente lo que debe suceder en cada detalle de tu historia. No sirves a un Dios que no hace nada.

ALGO PARA ENTREGARLE A DIOS HOY:

_____

_____

UNA ORACIÓN PARA DECLARAR ANTES DE DORMIR:

Padre Dios, confieso que a veces me olvido de recordar tu fidelidad del pasado, especialmente cuando estoy abrumada por cosas imprevisibles hoy. Sigue recordándome que no solo me ves, sino que me amas. No sé exactamente cómo será el día de mañana, pero sí sé a quién miraré: a ti, Señor, cuyo amor es inquebrantable y cuya mano es el lugar más seguro para depositar con confianza mi esperanza. En el nombre de Jesús, amén.

DÍA

32

El quebrantamiento y
la creación de tu ser

> Ustedes pensaron hacerme mal, *pero* Dios lo cambió en bien para que
> sucediera como *vemos* hoy, y se preservara la vida de mucha gente.
>
> GÉNESIS 50:20

POR LA MAÑANA

Algo maravillosamente sorprendente me llama la atención cuando pienso en el relato de la creación. ¡Jesús estaba *allí*!

Y no solo estaba allí; estaba creando. Juan 1:3 revela: «Todas las cosas fueron hechas por medio de Él [Jesús]». La luz, el cielo, el agua, la tierra, las plantas, el sol, la luna, las estrellas y todos los animales.

Siempre me he imaginado a Dios creando todas las cosas y luego a Jesús utilizando la creación en sus enseñanzas en los Evangelios. Sin embargo, ahora estoy reconsiderando eso. Me pregunto si Jesús sabía lo que quería enseñar y por eso creó las ilustraciones exactas. Por ejemplo, ¿creó las aves en el principio y luego, miles de años más tarde, las citó cuando caminó por la tierra como humano y enseñó lecciones utilizando a estas criaturas creadas de forma deliberada?

Hay una gran intención en cada detalle de todo lo que él toca. Hay un propósito entretejido en cada cosa creada, y aunque a veces te cueste creerlo, tú no eres la excepción.

He aquí cómo lo sé: mira Génesis 1:26. Después de crear el mundo y todos los seres vivos, Dios dijo: «Hagamos al hombre a Nuestra imagen, conforme a Nuestra semejanza». Y en ese momento, él pensó en ti con gran intención. Cada parte de lo que eres, de lo que fuiste creada para ser y del increíble propósito que estás destinada a cumplir tuvo el pensamiento pleno y el toque creativo de Jesús.

Salmos 139:16 dice: «Tus ojos vieron mi embrión, y en Tu libro se escribieron todos los días que *me* fueron dados, cuando *no existía* ni uno solo de ellos». ¡Ah, la paciencia que debe haber tenido él para esperar todo este tiempo a fin de traer al mundo tu versión del amor, tu personalidad y tus dones únicos!

Sin embargo, ahora que estás aquí, no dudes de que él tiene planes creativos para ti.

Y por muy confuso que parezca, Dios puede utilizar incluso las realidades duras y desgarradoras de nuestra vida para moldear nuestro carácter y hacerlo coincidir con nuestro llamado. Veo esto claramente en la vida de José, a quien cité en nuestro versículo clave de hoy. Dios no causó las adversidades de José. Pero Dios utilizó las dificultades que atravesó a fin de equiparlo para su llamado y dirigirlo hacia su propósito.

Y lo mismo puede suceder en nuestras vidas.

Así que hoy, búscalo y acepta la invitación a participar y cooperar con él. Tal vez esa situación difícil a la que te enfrentas no sea la que te quebrante, sino la que te haga más fuerte y más capaz para cumplir tu llamado.

Hay un propósito entretejido en cada cosa creada, y aunque a veces te cueste creerlo, tú no eres la excepción.

POR LA NOCHE

Antes de irnos a dormir, quiero que nos unamos y tomemos una decisión realmente importante: mantendremos nuestras mentes y corazones enfocados en las palabras llenas de verdad de Dios, sin importar lo que pase.

Verás, el enemigo quiere que nos sintamos expuestas en las áreas en las que ya nos sentimos inseguras. Y sus mentiras y acusaciones a menudo se entrometen en los momentos en que estamos tratando de progresar en una tarea que Dios ha puesto delante de nosotras. Así que quisiera que estemos extremadamente comprometidas y atentas a fijar nuestros pensamientos en las cosas que son verdaderas.

Si en algún momento escuchas ciertas mentiras del enemigo que suenan como: *Si solo fueras...* o *Por qué no puedes simplemente...* o *Si solo fueras más como ella...* recuerda nuestro momento marcado aquí. Rechaza esas palabras y en su lugar busca la verdad.

Amiga, debemos dejar que la Palabra de Dios se convierta en las palabras de nuestras historias... y en las únicas palabras llenas de verdad que permitimos que moldeen lo que somos y lo que creemos de nosotras mismas.

Lo cierto es que eres brillante, especial e increíble en un millón de formas diferentes. Dios te conoce por completo, te ama plenamente y ha orquestado a la perfección todo lo bueno que puede venir de lo que atravieses en la vida. Él quiere tu corazón para poder mostrarte todo lo que tiene para ti.

Libérate de esas mentiras que el enemigo está tratando de hacerte creer para que puedas irte a dormir abrazando la verdad que te hace libre.

ALGO PARA ENTREGARLE A DIOS HOY:

_____

_____

Jesús, gracias por pensar en mí desde el principio de la creación. Estoy muy agradecida por tu diseño intencional evidente en la forma en que me hiciste. Ayúdame a liberarme de cualquier mentira que sea contraria a la verdad de lo que dice tu Palabra sobre lo que soy. Quiero que tus palabras sean las únicas que moldeen mi identidad. En el nombre de Jesús, amén.

DÍA

33

Quiero vivir
como si Dios
fuera fiel

> Que las misericordias del Señor jamás terminan, pues nunca fallan Sus
> bondades; son nuevas cada mañana; ¡grande es Tu fidelidad!
>
> LAMENTACIONES 3:22-23

POR LA MAÑANA

Una de las formas más rápidas de desanimarse y desilusionarse con la fidelidad de Dios es considerar a las personas y las circunstancias como factores determinantes.

Las personas te fallarán. Las circunstancias cambiarán. Tenemos días en los que los acontecimientos de la vida nos sacuden y nos quebrantan y nos hacen preguntar: «¿Por qué? ¿Por qué esto? ¿Por qué ahora?». Vivimos en un mundo caído donde ocurren cosas injustas, y la maldad se esparce entre nosotros. Esto duele de maneras horribles.

Sin embargo, la fidelidad de Dios no disminuye ante las duras realidades.

Él nos eleva. Nos levanta. Nos transforma y nos conduce a lugares donde desarrollamos una confianza más profunda. Él nos toma de la mano y nos susurra: *No importa lo que pase, yo tengo el control. Te tengo en mis manos. Y nunca te dejaré.*

Dios es fiel. Y hoy quiero vivir como si *realmente* lo creyera. Por lo tanto, necesito vivirlo y proclamarlo en voz alta. Incluso en medio de aquellas circunstancias que hacen doler el corazón.

Si hoy te has despertado para enfrentar algo desafiante, lo entiendo, querida amiga. Sin embargo, hay algo que sé. Podemos lamentarnos. Podemos llorar. Pero por la gracia de Dios, también podemos tomarnos de las manos y ponernos de pie. Juntas. Proclamando la verdad.

Ojalá estuviéramos compartiendo un café y analizando todas estas cosas juntas. Esto es lo que te recordaría: el cielo está más cerca de lo que pensamos. El mal está en proceso de ser derrotado. Por lo tanto, podemos contemplar la angustia y el dolor, y aunque estemos llorando, podemos seguir caminando en completa victoria. La fidelidad y la misericordia de Dios jamás cambian y nunca fallan; de hecho, son nuevas esta mañana. Aunque haya incertidumbre a nuestro alrededor, podemos aferrarnos a esa verdad y levantarnos para afrontar el día de hoy.

Vivamos como si él fuera fiel. Porque lo es.

— Una frase para recordar al comenzar el día de hoy: —

La fidelidad de Dios no disminuye ante las duras realidades.

POR LA NOCHE

Sé lo difícil que puede ser proclamar la fidelidad de Dios en oración cuando sientes que tienes más preguntas que respuestas, más dudas que seguridades, y más oraciones sin respuesta que victorias tangibles.

Si te encuentras así esta noche, quiero que recuerdes esto: Dios ya sabe lo que necesitamos antes de que se lo pidamos. No oramos porque Dios necesite nuestras sugerencias.

Oramos porque nosotras no sabemos realmente qué pedir.

Oramos porque él ve el panorama completo, mientras que nosotras solo vemos un fragmento de este.

Oramos porque tenemos perspectivas limitadas, pensamientos limitados y puntos de vista limitados.

Oramos porque necesitamos mucho más que soluciones rápidas y ayuda para nuestros problemas.

Oramos porque lo necesitamos a él.

Aunque parezca más complicado que eso, realmente es así de simple. Y debemos recordar que nuestro nivel de fe en nuestras situaciones actuales no hace disminuir su nivel de fidelidad.

La fidelidad no es algo que Dios muestre o deje de mostrar. Él es fiel independientemente de lo que estemos enfrentando. Así que ora lo que necesites orar. O simplemente di: «Dios, no sé qué necesito o qué pedir, pero tú sí lo sabes. Por favor, ayúdame».

Amiga, tus oraciones son escuchadas por un Dios que siempre permanece fiel. Ten la seguridad de esto esta noche mientras duermes.

ALGO PARA ENTREGARLE A DIOS HOY:

UNA ORACIÓN PARA DECLARAR ANTES DE DORMIR:

Dios, sé que eres fiel en cada situación y circunstancia que enfrento. Te pido un corazón que confíe en que tú eres fiel incluso cuando experimento dudas y dolor o estoy esperando un cambio en las situaciones difíciles. Te amo, Señor. Te entrego todas las cargas de mi corazón en este momento. Dame valor para vivir creyendo que eres fiel. En el nombre de Jesús, amén.

DÍA

34

Haz de la
compasión
tu legado

> Sean más bien amables unos con otros, misericordiosos, perdonándose
> unos a otros, así como también Dios los perdonó en Cristo.
>
> EFESIOS 4:32

POR LA MAÑANA

Cuando el dolor insoportable que sientes en tu corazón no recibe atención durante un largo período de tiempo, es fácil que tu corazón se vuelva cínico y menos compasivo.

Tal vez hayas experimentado una pérdida de trabajo significativa recientemente o estés pasando por una ruptura. O acabes de recibir un diagnóstico médico desgarrador. O estés en lo más profundo de un proceso de adopción que ha incluido retrasos inesperados. Tal vez estés tratando de seguir adelante después de que alguien cercano a ti te traicionara, o uno de tus hijos esté pasando por algo realmente difícil y la angustia se hace cada vez más pesada.

Amiga, lo entiendo.

Y no quiero quitarle importancia a nada de lo que estés atravesando en este momento.

Tu dolor es real. Tus lágrimas importan. Tu sufrimiento no pasa desapercibido.

No obstante, sí quiero decirte algo que te animará hoy. Es posible que estés experimentando dolor en tu historia *ahora mismo*, pero eso no significa que este dolor constituya toda la historia de tu vida. Esta no tiene que ser la historia que cuentes para siempre ni la historia por la que eres conocida.

Cuando permitimos que el dolor que hemos experimentado nos haga más compasivas con los demás, podemos cambiar la narrativa que el dolor nos ruega que escribamos.

No podemos elegir lo que nos ocurre. Y no podemos elegir cómo terminan siempre nuestras historias. Sin embargo, podemos elegir la clase de persona en la que nos convertiremos a pesar del resultado.

Una persona de esperanza.

Una persona de ánimo.

Una persona de bondad.

Una persona de compasión.

Podemos experimentar situaciones desgarradoras, pero aun así podemos ser conocidas por cualidades hermosas como la compasión. La compasión no significa que pasemos por alto la dura realidad de las cosas a las que nos enfrentamos o que reprimamos los sentimientos que necesitamos procesar. De hecho, algunas de las personas más compasivas que conozco han experimentado el dolor más profundo. Ellas han elegido permitir que eso los convierta en personas más compasivas en el proceso.

Hoy, podemos elegir. Podemos elegir vivir palabras como las de Efesios 4:32: «Sean más bien amables unos con otros, misericordiosos, perdonándose unos a otros, así como también Dios los perdonó en Cristo» y Colosenses 3:12: «Entonces, ustedes como escogidos de Dios, santos y amados, revístanse de tierna compasión, bondad, humildad, mansedumbre y paciencia».

Quiero ser conocida por estas cosas. Quiero llenar mi vida de estas cualidades que honran a Dios. Quiero que mi legado sea la compasión.

Y quiero esto para ti también. Hoy es un gran día para enviar un mensaje de texto alentador. Sonreírle a una desconocida que parece estar sufriendo. Ofrecerte a recoger a los hijos de tu amiga en el colegio. Escuchar con toda tu atención. Llevarle a alguien del trabajo su café o bebida preferida.

Estas son solo algunas formas de colorear el día de hoy con compasión.

Este capítulo de tu vida puede ser doloroso, pero todo no termina ahí. Te quiero, amiga. Hagamos de este día uno para recordar.

Una frase para recordar al comenzar el día de hoy: — | | | · | | |

Es posible que estés experimentando dolor en tu historia ahora mismo, pero eso no significa que este dolor constituya toda la historia de tu vida.

POR LA NOCHE

Cuando las personas rompen tu corazón, no dejes que también te roben tu futuro.

Hay un tiempo para llorar.

Pero luego, hay un tiempo para volver a reír, hacer galletas, ir a nuevos lugares, y deslizarse por un tobogán con aquellos que necesitan ver que sigues adelante y vuelves a vivir.

Quizás este rechazo era realmente una protección llena de nuevas alegrías que tal vez nunca hubieran existido si la persona se hubiera quedado. Tal vez este rechazo sea una protección disfrazada. Quizás este rechazo sea una reorientación hacia un futuro que honre más a Dios.

Este es un final de lo que podría haber sido. Sí. Pero también es un nuevo comienzo. Quédate con Dios. Sigue orando. Estudia su Palabra. Mantente cerca de las personas que te animan en estas cosas.

Y pronto verás que Dios ya ha preparado algo hermoso al otro lado de tu dolor.

Dicho esto, tal vez sea el momento de entregarle a Dios lo que no podemos cambiar a fin de poder descubrir lo que él tiene ahora para nosotras.

Cuando te vayas a dormir esta noche, pídele a Dios que te dé ojos para ver la bondad en las posibilidades de lo que está por venir. Sé que esto es hermoso. Sé que es bueno. Lo sé porque lo conozco a él.

Te quiero, amiga.

ALGO PARA ENTREGARLE A DIOS HOY:

_____

_____

UNA ORACIÓN PARA DECLARAR ANTES DE DORMIR:

Jesús, gracias por caminar conmigo a través de las dificultades que he experimentado. Tengo el deseo profundo de que mantengas mi corazón sensible para que pueda ser una persona caracterizada por la compasión. A pesar de que me han sucedido cosas dolorosas, no quiero ser conocida por ellas. Quiero que me conozcan por el perdón y la sanidad que has infundido en mí. Dame la oportunidad de mostrarle compasión a alguien que necesita verte actuar en su vida esta semana. En el nombre de Jesús, amén.

DÍA

35

¿Cómo
sé que Dios
está obrando?

> Ni quisieron aceptar mi consejo, y despreciaron toda mi reprensión. Comerán del fruto de su conducta, y de sus propias artimañas se hartarán.
>
> PROVERBIOS 1:30-31

POR LA MAÑANA

Hace unos años estaba atravesando el final de una relación muy traumática. Todo se sentía difícil, injusto, y para serte sincera, como si Dios no estuviera haciendo lo que yo suponía que un Dios bueno debería hacer. Las decisiones de esta otra persona me herían no solo a mí, sino también a muchos otros que yo amaba profundamente. Recuerdo que estaba muy confundida cuando parecía que Dios no hacía nada.

Al mirar ahora hacia atrás a esa temporada, me doy cuenta y puedo reconocer más claramente que Dios estaba resolviendo las cosas a mi favor. Él estaba trabajando en los lugares invisibles.

Hay un libro en la Biblia donde el nombre de Dios no se menciona ni en una sola ocasión. Cuando leí este libro por primera vez, este hecho me sorprendió. Sin embargo, ahora me doy cuenta de que la presencia de Dios estaba allí, al igual que su presencia está aquí hoy cualquiera sea la situación que estemos enfrentando. Es solo que a veces Dios hace obras increíbles sin llamar la atención en absoluto.

En el libro de Ester, un hombre malvado llamado Amán conspiró para matar al pueblo judío. Al leer esta historia, parece que Amán se sale con la suya en sus malvadas intenciones y Dios no interviene para cambiar la situación. Todo el libro tiene diez capítulos, y al final del capítulo 5, las cosas parecen no tener remedio y estar a favor de Amán. Él había convencido al rey de que firmara un decreto para que el pueblo judío fuera asesinado. Parecía que el mal estaba ganando.

Pero entonces, en el capítulo 6, algo no dejó dormir al rey una noche, lo que lo llevó a pedir que le leyeran la historia de su reinado. Fue entonces cuando el rey se dio cuenta de que un judío había ayudado a salvar su vida. En resumen, Amán murió de la misma forma en que había tramado hacer matar a este hombre judío. Él comió el fruto de sus propios planes malvados.

La parte reconfortante para mí es que estoy segura de que Dios puso su mano para asegurarse de que el rey no durmiera y se le recordara la bondad del hombre judío.

No solo se honró a este hombre judío, sino que fue precisamente Amán el que se tuvo que encargar de honrar a este hombre a quien despreciaba. El orgullo de Amán resultó contraproducente, y sus malas intenciones lo llevaron a su propia humillación.

Luego a Ester se le concedió tiempo con el rey, su esposo. Ella no lo exigió. No se precipitó. Pero sí lo requirió de la manera correcta. Entonces pudo pedir que el rey le perdonara la vida a ella y su pueblo. Y a causa de esa conversación, las malas intenciones de Amán quedaron al descubierto.

Ningún ser humano podría haber organizado todo eso.

El pueblo honró a Dios con lo que pudo hacer. Ester ciertamente hizo su parte, al igual que muchos otros. Sin embargo, no hicieron lo incorrecto para tratar de lograr lo correcto.

Hacer las cosas a la manera de Dios y en el tiempo de Dios es la forma correcta y el momento correcto. Nuestro trabajo en cualquier situación que enfrentemos es mantener nuestros corazones puros y confiar en que veremos a Dios.

Una frase para recordar al comenzar el día de hoy:

Hacer las cosas a la manera de Dios y en el tiempo de Dios es la forma correcta y el momento correcto.

POR LA NOCHE

Muchas veces a lo largo de la Escritura, cuando se menciona el pecado, se asocia a no ser conscientes, o a estar cegados por nuestros propios deseos, o a un endurecimiento del corazón. Hebreos 3:12-13 nos recuerda esto: «Tengan cuidado, hermanos, no sea que en alguno de ustedes haya un corazón malo de incredulidad, para apartarse del Dios vivo. Antes, exhórtense los unos a los otros cada día, mientras *todavía* se dice: "Hoy"; no sea que alguno de ustedes sea endurecido por el engaño del pecado».

En la lectura de esta mañana, el pecado de Amán lo cegó, hizo endurecer su corazón y finalmente lo atrapó, porque eso es lo que siempre hace el pecado. Esta noche, al irte a dormir, libérate de los resentimientos y los deseos de venganza contra los demás. Pídele a Dios que te muestre lo que debes hacer. Luego confía en que mientras tu corazón se mantenga puro, Dios hará lo que solo él puede hacer. Él se ocupará de los pecados que alguien haya cometido contra ti. Se encargará de lo que nosotras solo podríamos manejar mal. Solo Dios es capaz de llevar el peso de la venganza equilibrado con la justicia y la misericordia.

ALGO PARA ENTREGARLE A DIOS HOY:

_____

_____

UNA ORACIÓN PARA DECLARAR ANTES DE DORMIR:

Padre celestial, purifica mi corazón esta noche. Confío en ti para que manejes todos los resultados por los que me siento insegura o abrumada. Ayúdame a ser obediente a ti. Quiero caminar alineada contigo, tus caminos y tus tiempos. En el nombre de Jesús, amén.

DÍA

36

Hacer espacio para los días lentos
y los momentos de quietud

Estén quietos, y sepan que Yo soy Dios.
SALMOS 46:10

POR LA MAÑANA

A veces, en medio de una temporada alocada y las carreras de un lunes en pleno verano, solo necesito sentarme unos momentos.

Acallar la lista de cosas por hacer.

Calmar la prisa.

Silenciar la preocupación.

Desacelerar.

Los días lentos son una elección. Y los días lentos son buenos para el alma.

Cuando estás intentando sanar y seguir adelante, no subestimes el número de días lentos que puede necesitar tu tierno corazón.

A veces, en el ajetreo de los días ocupados con muchas cosas que nos distraen de sentir el dolor, somos tentadas a creer que debido a que nos mantenemos funcionando, debemos estar bien. Sin embargo, sobrellevar la situación, seguir adelante y adormecer el dolor no es lo mismo que hallar la sanidad. Los momentos lentos en los que reconocemos el dolor que sentimos nos ayudan a caminar hacia la sanidad. Debemos sentir el dolor para afrontarlo y por último poder sanar.

Fíjate en la forma en que se produce la sanidad física en nuestro cuerpo. El dolor físico nos impulsa a obtener la ayuda que necesitamos. Este nos recuerda que tal vez precisemos más descanso, que quizás tengamos que caminar cojeando durante un tiempo, que tal vez necesitemos un tratamiento continuo, y que posiblemente tengamos que tomarnos un tiempo de reposo hasta que la intensidad del dolor no sea tan agobiante. Si alguna vez has atendido una herida abierta, sabes que se cura lentamente, día a día, y que hay que atenderla en cada fase de la sanidad. El dolor emocional funciona de la misma manera, solo que es más difícil de ver y resulta más difícil discernir por qué es tan importante ir más despacio.

La sanidad es tanto una elección como un proceso. Cuando queremos sanar, debemos concedernos tiempo para recorrer el proceso necesario. Ahora, obviamente, no sería realista para la mayoría de nosotras dejar de trabajar y desatender nuestras responsabilidades. Pero podemos reconocer que no es una temporada para asumir proyectos adicionales o ser la voluntaria por excelencia. Podemos comunicarles intencionalmente a nuestra familia y amigos nuestra necesidad de tomarnos las cosas con más calma durante nuestros días libres para descansar, reflexionar, leer y reorganizarnos. Y sobre todo, necesitamos tiempo para clamar a Jesús y pedirle la fuerza y las perspectivas que necesitaremos para transitar este proceso.

Creo que algunos de los días más importantes que experimentaremos serán los días lentos llenos de momentos de quietud con Jesús.

Así que, antes de que comience este día, tomemos un momento para susurrar juntas estas palabras:

Te amo, Jesús. Te necesito, Jesús. Confío en ti, Jesús. Necesito que me muestres lo que debo ver hoy, Jesús. Creo que tú estás caminando conmigo y me guiarás. Ahora voy a sentarme en silencio y escucharte. Voy a aquietar mi cuerpo, y te pido que reconfortes mi corazón y calmes mi mente.

Una frase para recordar al comenzar el día de hoy: — |||·||||

Algunos de los días más importantes que experimentaremos serán los días lentos llenos de momentos de quietud con Jesús.

POR LA NOCHE

Una de las mayores lecciones que Dios me ha enseñado este año en mi tiempo de oración es que debo pasar menos tiempo haciendo sugerencias y más tiempo escuchando su voz.

Esa es una de las partes más hermosas y desafiantes de los momentos de calma.

Soy muy propensa a querer resolverlo todo y luego decirle a Dios: «¡Bendice todo esto, pero por favor, no te metas con esto otro!».

Dios me ruega que abra las manos en señal de rendición en lugar de apresurarme a plantear mi lista de grandes sugerencias y proyecciones. Los momentos de quietud me *aquietan*.

Oh, Señor, perdóname.

He visto una y otra vez que los planes de Dios son siempre, siempre, siempre mejores. Antes de irnos a dormir esta noche, deshagámonos de algunas de esas sugerencias y quedémonos quietas.

Quietas el tiempo suficiente para abrazar el espacio sagrado de la simple confianza en un Dios omnisciente y amoroso.

Quietas el tiempo suficiente como para escuchar lo que Dios quiera hablarnos personalmente.

Quietas el tiempo suficiente como para recostar la cabeza en la almohada y recordar que no tenemos el control, y eso es algo realmente bueno.

ALGO PARA ENTREGARLE A DIOS HOY:

_____

_____

UNA ORACIÓN PARA DECLARAR ANTES DE DORMIR:

Padre Dios, hoy tomo la decisión de dedicar más tiempo a la oración y menos a las exigencias de mi ocupada agenda. Me propongo no dejar que las tareas diarias y las responsabilidades de la vida se interpongan en el camino de los momentos importantes contigo. Ayúdame a encontrar tiempo para estar lo suficientemente quieta en oración como para escuchar tu voz hablándome. En el nombre de Jesús, amén.

DÍA

37

Una charla
motivacional
con palabras
llenas de
promesas

Y sabemos que para los que aman a Dios, todas las cosas cooperan para bien, *esto es*, para los que son llamados conforme a *Su* propósito.

ROMANOS 8:28

POR LA MAÑANA

Buenos días, amiga. Hemos avanzado juntas a través de las páginas de este libro. Hemos hecho confesiones honestas. Hemos abierto nuestras manos para recibir las palabras llenas de verdad de Dios. Hemos entregado las cosas que no podemos controlar. Nos hemos animado mutuamente mientras seguimos avanzando con valentía y la fe de que lo *lograremos*.

Aunque no lo veas, *estás* sanando. Sé que puede ser tentador dudar de ello, pero hoy es otro paso hacia adelante. Mientras más vivo, más veo la sanidad menos como un destino y más como una elección diaria. En el caso de que tu corazón se encuentre un poco cansado esta mañana, espero que te sientas un poco más animada al saber que no estás sola y tu hermosa y singular historia sigue desarrollándose. Las circunstancias de hoy son parte de tu historia, pero no son toda tu historia.

He pensado que quizás hoy necesites una charla motivacional, porque sé lo que es

- empezar a preguntarse si estas situaciones difíciles serán interminables;
- sentir que el dolor durará para siempre;
- cuestionar si sobrevivirás a este tiempo de sufrimiento y llegarás al otro lado;
- procesar noticias aún más devastadoras que hacen que se acelere tu mente, se te cierre la garganta y se te hinchen los ojos de lágrimas;
- intentar orar en los momentos en que Dios se siente increíblemente distante.

Lo entiendo. A veces todo este dolor puede parecer muy inútil.

En el último par de años, he tenido que afrontar una dificultad tras otra. En muchos momentos me he preguntado cómo iba a salir adelante. Incluso hoy en día, todavía estoy en pleno proceso. Sí, he hecho el trabajo difícil de abrirle el corazón a mi consejero y he procesado todas las cosas con mis amigas más cercanas. He ido sanando. He ganado perspectiva y comprensión sobre cómo seguir adelante. He hecho progresos. Pero nada de eso cambia la profunda angustia por la que pasé.

La realidad es que, a veces, todavía duele. Y cuando ese dolor vuelve a salir a la superficie, me pregunto por qué Dios no se lo lleva del todo. ¿No fue suficiente que tuviera que sufrir el trauma? ¿Por qué tengo que sufrir ahora con recuerdos aleatorios que aparecen en mi mente y me hacen enfrentar la pérdida una y otra vez?

Es difícil tener siempre confianza en la bondad de Dios cuando algunas partes de nuestra historia no se sienten del todo bien.

Sin embargo, amiga, ya sea que estés tratando de encontrarle sentido a los fracasos de las relaciones, procesando un dolor reciente, o simplemente abriendo este libro desesperada por unos momentos de ánimo antes del día que tienes por delante, hay algo muy importante que Dios quiere que tú y yo sepamos: él está cerca de nosotras en la angustia y se preocupa por nuestra desesperación. En el pasado, el presente y el futuro, Dios sigue aquí.

En este mismo momento, en medio de nuestras circunstancias difíciles, podemos elegir aferrarnos a la verdad con más fuerza que nunca. Podemos permitir que la esperanza penetre incluso en las circunstancias que parecen más imposibles. Y cuando esto sucede, le hacemos saber al diablo que esta vez se ha metido con la chica equivocada. Podemos ordenarles a nuestros corazones cansados que recuerden que Dios está a cargo y nosotras no, y ese es un lugar liberador.

Mientras luchas esta mañana con todo esto —el progreso realizado, los pasos hacia adelante que aún tienes que dar, el doloroso, largo y hermoso proceso de refinamiento que es la sanidad— quiero susurrarte nuevas palabras de aliento.

La redención puede seguir siendo tu historia, incluso si no tiene el aspecto que pensabas. Dios no ha terminado, y nada de esto será desperdiciado.

Antes de que cierres este libro y empieces tu día, quiero que leamos algunos versículos de Romanos 8 que son muy reconfortantes para mí. Cada vez que los leo, recuerdo que puedo simplemente entregarle mi corazón de nuevo a Jesús y confiar en él en cada parte del viaje.

Mientras más me disponga a confiar en el Señor, en lugar de tratar de seguir mi propio camino a través de este proceso, menos voy a sufrir.

De la misma manera, también el Espíritu nos ayuda en nuestra debilidad. No sabemos orar como debiéramos, pero el Espíritu mismo intercede *por nosotros* con gemidos indecibles. Y Aquel que escudriña los corazones sabe cuál es el sentir del Espíritu, porque Él intercede por los santos conforme a *la voluntad de* Dios. Y sabemos que para los que aman a Dios, todas las cosas cooperan para bien, *esto es*, para los que son llamados conforme a *Su* propósito. (Romanos 8:26-28)

Una frase para recordar al comenzar el día de hoy:

La redención puede seguir siendo tu historia, incluso si no tiene el aspecto que pensabas.

POR LA NOCHE

Antes de que te vayas a dormir esta noche, quiero desafiarte a hacer algo.

Esta mañana te he dado una charla motivacional llena de ánimo y promesas de Dios. Sin embargo, me imagino que hay alguien en tu vida que necesita que le recuerden estas palabras esta noche antes de irse a dormir.

No tiene que ser algo elegante o formal. Ni siquiera tiene que estar perfectamente redactado, pero quisiera que te contactes con cualquier persona que Dios ponga en tu corazón ahora mismo. Pregúntale a Dios quién necesita un recordatorio de que es amada antes de que termine este día.

Bien, ¿tienes su nombre?

Ahora, disponte a escribir un nuevo mensaje de texto con unas cuantas frases sencillas para animar su corazón. No conozco su situación específica ni las dificultades que puede estar enfrentando en este momento. Quizá tampoco tú conozcas todos los detalles, pero sabes que está sufriendo. Eso está bien; los detalles no son lo que importa. Si no sabes bien qué decir, toma prestadas algunas escrituras de la Palabra de Dios para recordarle a otra alma preciosa que lo va a lograr:

- «El Señor tu Dios está en medio de ti, guerrero victorioso; se gozará en ti con alegría, en Su amor guardará silencio, se regocijará por ti con cantos de júbilo» (Sofonías 3:17).
- «El Señor peleará por ustedes mientras ustedes se quedan callados» (Éxodo 14:14).
- «Tu reino es reino por todos los siglos, y Tu dominio *permanece* por todas las generaciones. El Señor sostiene a todos los que caen, y levanta a todos los oprimidos» (Salmos 145:13-14).

Espero poder escuchar las historias que surgieron de este ejercicio esta noche. Sé que el cielo se regocija cuando nos tomamos de la mano, nos aferramos a las promesas llenas de verdad de la Palabra de Dios, y marchamos juntas hacia adelante.

Dulces sueños, amiga.

ALGO PARA ENTREGARLE A DIOS HOY:

_____

_____

Jesús, gracias por recordarme hoy tus promesas. Mi corazón cansado necesitaba saber que no me has abandonado, que aún tienes un plan, y que la sanidad es posible para mí. Pon en mi corazón a alguien que también necesite que se le recuerden estas promesas. En el nombre de Jesús, amén.

DÍA

38

Limpiemos
nuestros
corazones con
el perdón

> Soportándose unos a otros y perdonándose unos a otros, si alguien tiene queja contra otro. Como Cristo los perdonó, así también *háganlo* ustedes.
>
> COLOSENSES 3:13

POR LA MAÑANA

Soy un alma a la que le gusta el concepto de perdón... hasta que hieren mi alma y me deja de gustar.

Si me dejo llevar por mis propias heridas profundas, el perdón puede parecer ofensivo, imposible y una de las formas más rápidas de empeorar la injusticia de ser agraviada. Clamo por la justicia. Quiero bendiciones para los que siguen las reglas de la vida y el amor. Quiero corrección para los que las rompen.

¿Es mucho pedir?

Y es en ese punto exacto donde me gusta permanecer, molestarme y centrarme en los errores de los demás, reuniendo a los que están de acuerdo conmigo para que me acompañen y me ayuden a justificar el hecho de que estoy en lo correcto.

Es como aquella vez en la universidad cuando me quedé en el estacionamiento de un hermoso sitio de vacaciones solo para demostrar que tenía la razón. Mis amigas y yo tuvimos una pequeña pelea durante el trayecto. Cuando llegamos a nuestro destino, todas se bajaron del coche y pasaron el día creando increíbles recuerdos juntas. Mientras tanto, yo caminaba por el aparcamiento con pasos de justiciera en el calor sofocante, dejando que mi ira se intensificara con cada hora que pasaba.

Me encantaba la idea de darles una lección a mis amigas organizando esta protesta en solitario. Sin embargo, al final, fui la única afectada. Fui la única que se perdió la diversión. Fui la única que volvió a casa en silencio, sabiendo que ninguna había sido castigada por mis decisiones, excepto yo.

Por favor, quiero reconocer que gran parte del dolor por el que hemos pasado tú y yo es mucho más complicado y devastador que ese día en la playa. Pero en todas mis ofensas, tanto grandes como pequeñas, he aprendido a reconocer a estos soldados del rencor:

- La *amargura* se disfraza como un juez de la corte suprema, haciéndome creer que debo proteger las pruebas contra todos los que me hicieron daño para poder exponer y reafirmar mi caso irrefutable y escuchar el veredicto de «culpable» para el ofensor. Sin embargo, en realidad se trata de una sentencia de aislamiento que castiga y pretende privar a mi alma de las relaciones vivificantes.
- El *resentimiento* se envuelve en un estandarte marcado con la palabra *vindicación*, haciéndome creer que la única manera de liberarme de mi dolor es asegurarme de que los que lo causaron

sufran tanto como yo. No obstante, en realidad esta es una trampa disfrazada, con dientes como dagas clavándose en *mi* ser, que me torturan y no me dejan avanzar.

- Los *problemas de confianza* se disfrazan de investigadores privados, haciéndome creer que me ayudarán a atrapar a todos los que quieren hacerme daño y a demostrar que nadie es realmente honesto. De hecho, los problemas de confianza son un gas tóxico que en lugar de alejar a los pocos en los que no se debe confiar, ahogan la vida de todos los que se acercan a mí.

Estos son los soldados del rencor que me han declarado la guerra. Ellos están librando una batalla en este momento contra cada persona herida.

Son los que siempre nos van a llevar al aislamiento, a la oscuridad emocional de las relaciones rotas, a la oscuridad espiritual con la vergüenza acumulada y a una perspectiva oscurecida en la que somos incapaces de ver la belleza que nos espera más allá del estacionamiento.

¿Y si hubiera sido capaz de perdonar la ofensa y seguir adelante ese día en la playa? ¿Y si todos pudiéramos hacer lo mismo? No estoy hablando de excusar el abuso o permitir que alguien nos traumatice. Estoy hablando de pequeñas ofensas que nos negamos a abordar adecuadamente.

No se trata de restarle importancia a lo que hemos pasado ni de tomar a la ligera la angustia por la que hemos llorado un millón de lágrimas. Se trata de saber que los que cooperan más plenamente con el perdón son los que bailan con mayor libertad en la belleza de la redención. ¿Y qué es exactamente esta hermosa redención?

La redención es limpiar nuestros corazones de pequeñas ofensas antes de que nos causen problemas mayores.

Y es encontrar por fin la libertad para seguir adelante. ¿No es eso lo que muchas de nosotras realmente queremos?

No tenemos que quedarnos atrapadas aquí, amiga. El perdón es el arma. Nuestras elecciones para seguir adelante son el campo de batalla. Liberarse de ese sentimiento pesado es la recompensa. Recuperar la posibilidad de confianza y cercanía es la dulce victoria. Y caminar confiadamente con el Señor desde el dolor hacia la sanidad es la libertad que nos espera.

Ahora, disfrutemos este hermoso día que tenemos por delante.

Una frase para recordar al comenzar el día de hoy:

La redención es limpiar nuestros corazones de pequeñas ofensas antes de que nos causen problemas mayores.

POR LA NOCHE

A menudo quiero ver de inmediato el bien que Dios promete, pero a veces la buena respuesta de Dios es «todavía no». Ay. Esto es muy difícil para mí.

Sé lo increíblemente difícil que puede ser estar en un lugar de duda y espera. Creo que es en estos lugares donde con frecuencia la falta de perdón puede invadirnos. Mientras más tiempo rogamos y esperamos que Dios arregle esta situación o a ese miembro de la familia o esa conversación, más flaquea nuestra paciencia, y nuestros corazones pueden llenarse de las mismas cosas por las que realmente no queremos que se nos conozca: controladoras, manipuladoras, desconfiadas, amargadas, resentidas.

Sin embargo, esto es lo que he descubierto: Dios tiene el tiempo perfecto para todo. Y recordar esto me ayuda a mantener mi corazón limpio. Verás, recordar y confiar en que el tiempo de Dios es perfecto me recuerda la humilde verdad de que Dios es Dios, y yo no. Su tiempo no es el mío. Sus caminos no son los míos. No se trata solo de perdonar esas pequeñas ofensas entre nosotras y los demás. También quiero mantener mi corazón limpio de cualquier otra ofensa que pueda estar guardando secretamente contra Dios en este momento.

Querida amiga, las promesas de Dios todavía están en proceso para ti. Ahora mismo. Incluso en medio de circunstancias en las que todavía no puedes ver ninguna evidencia del bien.

No te rindas. Dios no ha terminado con tu historia. Renuncia a la necesidad de saberlo todo y controlarlo todo simplemente susurrando: «Jesús, confío en ti. Mantén mi corazón limpio. Sé que tus promesas se cumplirán en mi vida. Quiero estar lista para ser usada por ti».

Recuerda, «todavía no» no significa «nunca». Dios tiene el control de todo.

Y sabiendo eso, puedes dormir tranquila.

ALGO PARA ENTREGARLE A DIOS HOY:

_____

_____

UNA ORACIÓN PARA DECLARAR ANTES DE DORMIR:

Padre Dios, gracias por perdonar mis pecados. Ya que hoy soy consciente de lo mucho que he sido perdonada en mi propia vida, ayúdame a extender el perdón más libremente a otras personas. Ablanda mi corazón y purifícame de cualquier amargura y resentimiento. En el nombre de Jesús, amén.

DÍA

39

¿Y si la persona
a la que me
cuesta
perdonar
soy yo?

> Te manifesté mi pecado, y no encubrí mi iniquidad. Dije: «Confesaré mis transgresiones al Señor»; y Tú perdonaste la culpa de mi pecado.
>
> SALMOS 32:5

POR LA MAÑANA

Ayer hablamos de guardar nuestros corazones limpios de ofensas contra otros y tal vez hasta de resentimientos ocultos hacia Dios.

Sin embargo, ¿alguna vez has sentido que la persona más difícil de perdonar realmente eres *tú misma*?

Lo entiendo. Profundamente. Me gustaría mucho que estuviéramos sentadas juntas para tener esta conversación.

Cuando tenía poco más de veinte años, tomé una decisión que desearía con todo mi ser poder volver atrás y cambiar. Tuve un aborto. Saber que no se podía hacer nada para revertir esa decisión me llenó de la más profunda angustia.

Después, cada vez que oía a otros hablar con dureza sobre el aborto, me llenaba de vergüenza. Se sentía como una sentencia de por vida de la que nunca me curaría.

Decía: «No puedo perdonarme». Lo que quería decir era: «No creo que el perdón sea posible para una persona como yo. Y no creo que me libere nunca de la vergüenza de lo que he hecho».

Tal vez esta sea la situación en la que te encuentres ahora mismo: luchando para superar los sentimientos de vergüenza y remordimiento debido a decisiones que desearías poder volver atrás y cambiar, las cuales te impiden avanzar y experimentar la sanidad.

Por eso me parece tan importante compartir lo que he aprendido contigo. Cuando investigué el concepto de perdonarnos a nosotras mismas, me sorprendió un poco descubrir que no está en la Biblia. Empecé a darme cuenta de que, así como no podemos lograr la salvación aparte de Dios, tampoco podemos otorgarnos el perdón a nosotras mismas. El perdón comienza con Dios.

Como no somos el juez, no podemos perdonarnos. Así que cuando estamos luchando con nuestro perdón, lo que realmente está sucediendo es una lucha para recibir el pleno perdón de Dios.

Jesús dio su propia vida para proveer el perdón de nuestros pecados, el cual no es solo *parte* de la fe cristiana; el perdón es la *piedra angular* de la fe cristiana. El perdón de nuestros pecados no es solo una esperanza que tenemos; este es la mayor realidad para todos los que eligen recibir la salvación a través de la aceptación de Jesús como el Señor de sus vidas.

A menudo, lo que nos impide caminar como personas perdonadas es la lucha con los sentimientos de vergüenza y el remordimiento. Estas son cargas muy pesadas de llevar. En mi propia vida, he llevado muchas cargas. Sin embargo, el peso de la vergüenza es por un gran margen el más pesado que he conocido.

La vergüenza es una carga que Dios no quiere que llevemos. Y estoy muy agradecida por estas dos cosas que con el tiempo me ayudaron a recibir completamente su perdón y salir de debajo del peso condenatorio de la vergüenza:

1. *Necesitaba tener un momento marcado para confesarme, arrepentirme y pedirle perdón a Dios.* No podía hacer esto sola. Quería un testigo que me recordara para siempre que le había pedido perdón a Dios y que por lo tanto estaba perdonada. También verbalicé en voz alta que había recibido el perdón de Dios para poder tener un recuerdo definitivo de mí misma reconociendo su don de misericordia.

2. *Tuve que recordar que la vergüenza y la acusación provienen del enemigo.* Satanás hará todo lo posible para tratar de evitar que compartamos el testimonio del perdón y la redención de Jesús. Y al enemigo le encanta mantener a las personas como rehenes de la vergüenza haciendo que tengan demasiado miedo de compartir lo que han escondido en la oscuridad. Me aterrorizaba contar lo que había hecho. Pero le dije a Dios que compartiría mi historia si alguna vez había una joven en peligro de tomar la misma decisión desinformada que yo. Cuando finalmente dejé que Dios usara mi dolorosa decisión para bien, empecé a ver destellos de la redención. Ver que Dios tomaba lo que el enemigo quería para mal y lo tornaba para bien no me quitó el dolor, pero empezó a sanar mi vergüenza.

Amiga, la vergüenza y la condenación no provienen de Dios. Confiesa lo que has hecho. Pide el perdón de Dios hoy. Recibe hoy su perdón. Y luego camina hoy en su libertad. Puedes vivir el mayor testimonio de la verdad que existe: la redención. Esto es posible para ti esta mañana.

Una frase para recordar al comenzar el día de hoy: — |||•|||

La vergüenza es una carga que Dios no quiere que llevemos.

POR LA NOCHE

Mientras nos despojamos del peso de la vergüenza, oro para que también dejemos que esta experiencia ablande nuestros corazones.

Saber lo que se siente al cometer un error terrible nos da más compasión cuando otros cometen errores graves. No se trata de excusar comportamientos erróneos o hirientes en nombre de la compasión. Hay tiempo para confrontar esos comportamientos en una conversación llena de gracia y verdad. Hay tiempo para trazar límites saludables y establecer parámetros que nos mantengan seguras y conserven nuestras relaciones sostenibles.

Sin embargo, al mismo tiempo, tener una actitud de compasión nos ayuda a no avergonzar a los demás.

Conozco el peso de la vergüenza que he llevado por situaciones de mi propio pasado, y no quiero que otro ser humano cargue con ese mismo peso horrible.

Por lo tanto, elijamos nuestras palabras con cuidado. Cuando una persona comete un error, asegurémonos de no calificarla para siempre por su error. Si está arrepentida —dispuesta a no volver a cometer la trasgresión y a buscar el verdadero perdón— se le debe permitir la misma oportunidad de redención que nos ha sido dada.

E incluso si la persona no está dispuesta a cambiar, la vergüenza nociva no es la llave que abre los cambios saludables. La vergüenza puede hacer que una persona se sienta culpable de hacer modificaciones temporales en su comportamiento, pero no produce el bien duradero que realmente deseamos para ella. La vergüenza hace que las personas se sientan cada vez más inclinadas a no exponer su dolor más profundo a ningún tipo de luz sanadora.

Lo que me ayudó finalmente a exponer mi oscuridad a la luz fue un alma bondadosa que entretejió la verdad y la gracia a través de los detalles de su propia lucha pasada con el mismo pecado y la vergüenza con los que yo estaba luchando. Al ver su sanidad, empecé a creer que yo también podía sanar.

La vergüenza empuja a las personas a la oscuridad. No obstante, cuando admitimos cuán desesperadamente necesitamos la gracia y la verdad, eso ayuda a la gente a caminar hacia el mismo tipo de sanidad que hemos encontrado.

ALGO PARA ENTREGARLE A DIOS HOY:

_____

_____

UNA ORACIÓN PARA DECLARAR ANTES DE DORMIR:

Jesús, gracias por pagar por mi pecado y mi vergüenza en la cruz. Hoy estoy agradecida por una nueva revelación de tu gracia y misericordia. Cuando las acusaciones del enemigo vengan hacia mí, recuérdame quién soy gracias a ti: perdonada, amada y plena. En el nombre de Jesús, amén.

DÍA 40

No me gusta
que me tomen
por sorpresa

Bendito es el hombre que confía en el Señor, cuya confianza es el Señor. Será como árbol plantado junto al agua, que extiende sus raíces junto a la corriente; no temerá cuando venga el calor, y sus hojas estarán verdes; en año de sequía no se angustiará ni cesará de dar fruto.

JEREMÍAS 17:7-8

POR LA MAÑANA

¿Sabes que a algunas personas les encanta la emoción de ser sorprendidas?

Les gustan las fiestas sorpresa. Les encantaría llegar al trabajo hoy y enterarse de que los van a sacar de su escritorio para disfrutar de unas vacaciones sorpresa en unas pocas horas. Incluso les gustaría que uno de esos programas de cambio de imagen se presentara en su casa con un equipo de rodaje y enterarse de que van a recibir un vestuario completamente nuevo.

Las sorpresas les parecen emocionantes. Es como lo que sienten algunas personas cuando una montaña rusa que creían terminada vuelve a arrancar y empieza a dar vueltas al revés. Levantan las manos y aceptan la emoción de lo desconocido. A eso le llaman diversión.

Yo no.

Por lo general, puedo controlar mi aversión a las sorpresas en todas las situaciones que he mencionado. Mis amigas saben que no deben organizarme una fiesta sorpresa. Tras el impacto inicial y la resistencia a lo imprevisto e inesperado, unas vacaciones sorpresa o un nuevo vestuario podrían ser agradables. Incluso podría soportar una montaña rusa si puedo revisarla a fondo y conocer su recorrido antes de aceptar montarme en ella.

Sin embargo, la vida es diferente.

La vida se retuerce y gira y da vueltas en lugares que pensamos que serían planos y lisos. Porque eso es lo que hace la vida. A veces nos toma por sorpresa.

A fin de cuentas, supongo que por eso no me gusta que me sorprendan. Que me tomen desprevenida me hace sentir expuesta, asustada, y me pone en un aprieto antes de que haya tenido tiempo de pensar en mi respuesta.

No obstante, poco a poco estoy aprendiendo que no es tan malo que te sorprendan.

Ese lugar vulnerable nos recuerda que tenemos necesidades más allá de lo que podemos manejar. Sentirnos un poco expuestas y asustadas nos recuerda que necesitamos a Dios. Con desesperación. Por completo.

Y en esa brecha entre lo que creemos que podemos manejar por nuestra cuenta y lo que no podemos es justo donde la fe tiene la oportunidad de echar raíces profundas. Raíces que se hunden en la esperanza, la alegría y la paz que solo Dios puede ofrecer.

Me estoy desafiando a mí misma a recordar que mi fe no solo tiene que crecer en tamaño, sino que tiene que crecer en profundidad (Jeremías 17:7-8).

¿Cómo podemos echar raíces profundas? Echamos raíces espirituales profundas de la misma manera que un árbol extiende sus raíces. Las raíces de un árbol nunca pasarán por el dolor ni el esfuerzo de cavar más profundo hasta que no haya suficiente agua en la superficie para satisfacerlo. Hay agua que se encuentra en los lugares más profundos. Sin embargo, el beneficio de pasar por las dificultades para llegar al agua más profunda es que las raíces más profundas pueden ayudar al árbol a resistir los vientos de las tormentas más grandes cuando estos llegan.

Y llegarán. Un árbol con raíces poco profundas corre el gran peligro de ser derribado y desarraigado.

Nosotras somos muy parecidas. La búsqueda superficial producirá una creencia superficial y nos dejará vulnerables a la caída. No obstante, la búsqueda profunda producirá una creencia profunda y nos equipará para mantenernos firmes, sin importar lo que nos tome por sorpresa.

Las raíces profundas nos mantienen seguras en el amor de Dios cuando llega el miedo.

Las raíces profundas nos afianzan con la verdad de que Dios controla todo cuando las dificultades inesperadas nos rodean como vientos turbulentos.

Las raíces profundas nos mantienen firmes en la paz de Dios durante la tormenta que no apareció en el radar.

Las raíces profundas encuentran alimento en la gracia de Dios cuando la superficie se vuelve terriblemente seca.

Las raíces profundas nos impulsan a crecer más fuerte en nuestra fe en Dios, y de otra manera no estaríamos lo suficientemente desesperadas por hacerlo.

Estoy aprendiendo a no tener tanto miedo de lo que pueda haber a la vuelta de la esquina, aunque me tome por sorpresa. Cierro los ojos y le susurro al Señor: «Llévame todavía más profundo». Y al decir esto, es posible que no esté completamente preparada, pero puedo caminar mucho más *firme* con cada paso que doy.

Una frase para recordar al comenzar el día de hoy:

Mi fe no solo tiene que crecer en tamaño, sino que tiene que crecer en profundidad.

POR LA NOCHE

Pasos firmes. Así es como quiero caminar a través de todo lo que afronto. *Firme* significa «fuertemente fijado, apoyado o estable; que no tiembla ni se mueve».[1] La definición de *inestable* es «susceptible de caerse o tambalearse; no está firme en su posición».[2]

Estas definiciones me parecen fascinantes. Si quiero dar pasos firmes, necesito estar fija, apoyada o estable. Me reconforta saber que Dios siempre está firme; nada lo toma desprevenido. Él nunca se sorprende. Jamás pierde la estabilidad. Por lo tanto, mientras más lo escucho y permanezco con él, más fija, apoyada y estable estoy junto a él.

Esta noche, quiero que pienses en estas preguntas:

¿Dónde tengo la tentación de correr por delante de Dios?
¿Dónde tengo la tentación a arrastrar mis pies y quedarme atrás de Dios?
¿Dónde estoy acertando y manteniéndome al mismo paso de Dios?
¿Qué cosas se sienten estables en mi vida?
¿Qué se siente como un lugar inestable en mi vida en el que soy más propensa a caer o tambalearme?

Creo que orar con estas preguntas en mente nos ayudará a ser más conscientes de dónde estamos realmente con Dios y dónde no. Permanecer firmes a través de todos los altibajos inesperados de la vida es realmente solo posible cuando permanecemos junto a Dios en el proceso. El mundo siempre intentará hacer grandes promesas sobre lo que nos hará sentir mejor. Pero es solo cuando estamos caminando en obediencia a Dios que genuinamente sanaremos mejor y nos volveremos cada vez más firmes.

ALGO PARA ENTREGARLE A DIOS HOY:

_____

_____

UNA ORACIÓN PARA DECLARAR ANTES DE DORMIR:

Señor, estoy muy agradecida de que controles todo y de que siempre tengas un plan. Por más que me disguste que me tomen por sorpresa, te amo y confío en ti. Ayuda a que mis raíces crezcan profundamente mientras abro mis manos y mi corazón en rendición a ti. Gracias por las perspectivas de sanidad que me muestras en las páginas de este libro. En el nombre de Jesús, amén.

DÍA

No
podemos
complacer
a todas las personas todo el
tiempo... y eso está bien

Porque ¿busco ahora el favor de los hombres o el de Dios? ¿O me esfuerzo por agradar a los hombres? Si yo todavía estuviera tratando de agradar a los hombres, no sería siervo de Cristo.

GÁLATAS 1:10

POR LA MAÑANA

A lo largo de las páginas de este libro hemos analizado en qué momento podríamos considerar la posibilidad de trazar algunos límites saludables en nuestras relaciones. Aunque puede ser abrumador, he descubierto que los límites son esenciales para lograr la sanidad, la madurez emocional y las relaciones saludables.

Sin embargo, más que eso, los límites no son solo una buena idea; son una idea de Dios.

Aunque puedo animarte a establecer algunos límites saludables, no sería una buena amiga si no te advirtiera también de algunos obstáculos con los que es más que probable que te encuentres mientras intentas hacer estos cambios necesarios. Uno de esos obstáculos que he tenido que reconocer (y superar imperfectamente) es el de complacer a las personas.

Verás, en algún momento del camino adquirí la mentalidad de que las opiniones de la gente definen quién soy. Esto me convirtió en la candidata perfecta para resistirme a poner límites y ver cualquier tipo de límites como algo poco amable. En un esfuerzo por ser increíblemente honesta contigo, a veces todavía me encuentro trabajando muy duro para desprenderme de esta mentalidad.

No sé en qué etapa te encuentras, pero quizá tú también estés intentando desprenderte de ella.

El problema es que si dejamos que las opiniones de los demás definan quiénes somos, estaremos desesperadas por intentar controlar la percepción que los demás tienen de nosotras. Nos pasaremos la vida lidiando con las opiniones para que siempre nos favorezcan y así poder sentirnos bien con nosotras mismas. No obstante, piensa en esta trágica realidad: estar demasiado preocupadas por ganar la aprobación de los demás puede hacer que tengamos el corazón dividido con Dios. *¡Ay!*

Es imposible complacer a todas las personas todo el tiempo. Lo sabemos. Hasta que lo olvidamos, especialmente con las personas cuyas opiniones nos afectan. Así que, cuando decepcionamos a los demás, pensamos de manera diferente a ellos, no hacemos lo que creen que debemos hacer, o tratamos de establecer límites con los que no están de acuerdo, entonces los demás pueden pensar mal de nosotras. Y si piensan mal de nosotras, tememos que sea imposible sentirnos bien con nosotras mismas.

Creo que esto es lo que más miedo da a la hora de poner límites. Si establezco un límite, las personas ya no me verán como quiero que me vean. Ya no me conocerán de la forma en que quiero que me conozcan. Dejarán de creer lo mejor acerca de mí, y hay algo dentro de mí que realmente quiere que crean lo mejor.

Cuando intentamos poner límites y la gente responde con afirmaciones que no reflejan con exactitud lo que somos, puede parecer que nos están malinterpretando y calificando erróneamente. Entonces, para luchar contra ese calificativo negativo que nos colocan, con demasiada frecuencia dejamos a un lado los límites. Preferimos sufrir las violaciones de los mismos que lidiar con el hecho de que esa persona nos juzgue erróneamente.

Uf. Hola, yo. ¿Hola, tú?

Es muy importante que seamos conscientes de los sentimientos y los patrones de pensamientos que pueden hacernos vulnerables a no establecer límites sabios en nuestras relaciones. Si tenemos miedo de que la gente piense mal de nosotras, posiblemente nos abandone o intente hacernos sentir como si estuviéramos locas por dar un paso hacia la salud de la relación, las probabilidades son aún mayores de que, sin límites sabios, acaben haciéndonos las tres cosas. (Querido yo: lee esa última frase una vez más... quizás diez veces más).

Habiendo dicho todo esto, antes de que empieces de verdad tu día, acabes con tu lista de tareas y conquistes todas las cosas, quiero dejarte con estas sencillas palabras que escribí por primera vez en mi diario y que luego compartí hace años en mi libro *Sin invitación*: El amor de Dios no se basa en nosotras; simplemente es puesto en nosotras. Y ese es el lugar desde el cual deberíamos vivir... amadas.

¿Quiero que los demás me amen? Por supuesto que sí. ¿Quiero tener temor de que el amor que me muestra otra persona se base en que yo siempre la haga feliz? Desde luego que no. El amor debería ser lo que nos une, no lo que nos separa.

Una frase para recordar al comenzar el día de hoy:

El amor de Dios no se basa en nosotras; simplemente es puesto en nosotras. Y ese es el lugar desde el cual deberíamos vivir... amadas.

POR LA NOCHE

Cuando me siento malinterpretada al establecer límites, me aferro a estos sabios versículos de Colosenses 1:10-11: «Anden como es digno del Señor, haciendo en todo, lo que *le* agrada, dando fruto en toda buena obra y creciendo en el conocimiento de Dios. Rogamos que ustedes sean fortalecidos con todo poder según la potencia de Su gloria, para obtener toda perseverancia y paciencia».

Quiero procurar andar como es digno del Señor. Quiero agradarle. Quiero dar fruto. Quiero crecer y ser fortalecida por Dios. Quiero obtener perseverancia y paciencia. Eso es lo que me lleva a preguntarme cuando estoy considerando un límite que tal vez necesite establecer: *¿Soy más o menos propensa a vivir estos versículos con este límite?*

Quiero que realmente consideremos esto antes de irnos a dormir esta noche. Mientras reflexionas sobre cualquier cambio necesario que debas hacer en tu propia vida, primero ora y pídele a Dios que te ayude a recibir de él quién eres realmente. Él te creó y te hizo a su propia imagen. Si captas una imagen de su bondad, encontrarás una parte de ti allí.

A medida que consideras abandonar el deseo de ceder ante la complacencia esta noche, recuerda cuán amada eres. Mientras más llena del amor de Dios estés, menos tentación tendrás de conformarte con las migajas de amor de los demás. Qué manera tan liberadora de vivir... amada.

ALGO PARA ENTREGARLE A DIOS HOY:

_____

_____

UNA ORACIÓN PARA DECLARAR ANTES DE DORMIR:

Jesús, gracias por ser un lugar tan seguro al que puedo regresar cuando tengo problemas. Cuando tenga la tentación de mirar a los demás en busca de validación y aceptación, recuérdame que te mire a ti. Te ruego que el Espíritu Santo me ayude a hacer un inventario de mi propia vida, a comprender las limitaciones de mi capacidad y a considerar los posibles límites que necesito implementar en mis relaciones. En el nombre de Jesús, amén.

DÍA

42

No creo ser lo
suficientemente
buena

Entonces María dijo: «Aquí tienes a la sierva del Señor; hágase conmigo conforme a tu palabra». Y el ángel se fue de su presencia.

LUCAS 1:38

POR LA MAÑANA

¿Alguna vez has luchado con la sensación de que tal vez Dios debería haber elegido a otra persona para cumplir tus funciones como madre, dueña de un negocio, líder, empleada, vecina o amiga?

Recuerdo una ocasión en la que le rogué a Dios que me convirtiera en alguien igual a la mamá extraordinariamente organizada sobre la que escuché en un seminario acerca de la crianza de los hijos. Hice una lista mental de lo que creía que debía ser su secreto para el éxito y me dispuse a imitarla. Sin embargo, no pasó mucho tiempo antes de que me sintiera absolutamente deprimida. Me castigaba en mi mente por no tener lo que evidentemente hacía falta para ser una gran madre. ¿Qué estaba mal conmigo?

Entonces, un día en el estudio bíblico, leí la historia de María, la madre adolescente de Jesús. Mi corazón se aceleró al darme cuenta de que ella no cumplía con el estándar de supermamá que yo me había impuesto.

De alguna manera, tal como era, Dios eligió a la joven María para ser la madre de Jesús. Y la única calificación que parecía tener era su buena disposición. Vemos su confianza en el plan de Dios revelado en Lucas 1:38: «Aquí tienes a la sierva del Señor; hágase conmigo conforme a tu palabra».

María podría haber enumerado con facilidad una lista de razones por las que no se le debería considerar para un privilegio tan increíble.

Demasiado joven.
Demasiado pobre.
Demasiado inexperta.

Una simple chica de un pueblo sencillo. Sin embargo, en Lucas 1 encontramos al ángel Gabriel de pie ante ella, proclamando que había sido elegida. Que ella, María, era el recipiente bendecido y muy favorecido que Dios quería utilizar para dar a luz a su único Hijo, Jesús, el Mesías (Lucas 1:30-33).

María solo tenía una pregunta: «¿Cómo será esto, puesto que soy virgen?» (Lucas 1:34).

Gabriel respondió amablemente, explicándole a María que el Espíritu Santo vendría sobre ella, y el poder del Altísimo la cubriría con su sombra. El ángel le habló del milagroso embarazo de su prima Isabel, que era mucho mayor que ella, y le recordó a María que lo que le parecía imposible era absolutamente posible con Dios (Lucas 1:35-37).

Confieso que me siento humilde y asombrada por la pregunta de María. Lo único que ella quería saber era cómo iba a ser físicamente posible el embarazo.

No hizo ninguna de las preguntas que yo podría haber estado tentada a hacer, como: «¿Estás seguro de que tienes a la persona adecuada? ¿No sabes lo poco calificada que estoy? ¿Has pensado en preguntarle a una de las mujeres que están al final de la calle? Seguro que cualquiera de ellas sería mejor opción que yo».

Resulta muy fácil mirar a nuestro alrededor y pensar que hay muchas otras personas más calificadas que nosotras, ¿no es así? Todo lo que Dios quería de María era su disposición. Y Dios me hizo saber ese día en el estudio bíblico que eso era todo lo que él quería de mí también. Él ya me había dado las cualidades exactas que sabía que mis hijos necesitarían en una madre. Solo necesitaba aumentar mi disposición a cumplir su voluntad cada día y dejar que me ayudara a ser la mejor versión de mí.

Tal vez no te sientas muy calificada hoy. Quizás sientas que Dios debería pasarte por alto y elegir a otra persona para las tareas que él ha puesto delante de ti. Si ese es tu caso, quiero que sepas esto: a Dios le encanta tomar a personas ordinarias y hacer cosas extraordinarias en ellas, a través de ellas y con ellas.

Dios no está esperando que lo impresiones. Él simplemente quiere que le digas que sí.

Dejemos de ofrecerle a Dios nuestras excusas y listas de por qué él no puede trabajar en nosotras y a través de nosotras. Mientras tengamos aliento en los pulmones, Dios sigue obrando. Dios sigue ayudándonos a sanar. La clave para experimentar la sanidad hoy no es desear ser alguien más, sino dejar a un lado nuestras varas de medir la perfección e inclinar humildemente la cabeza mientras le ofrecemos a él nuestra voluntad.

Sí, Señor. Soy tuya. Todo lo que soy. Todo para ti.

Una frase para recordar al comenzar el día de hoy:

Dios no está esperando que lo impresiones. Él simplemente quiere que le digas que sí.

POR LA NOCHE

Pensaba que criar a los hijos era un trabajo que duraba unos veinte años, y que luego cruzaría una gloriosa línea de meta y simplemente sería amiga de estos gloriosos seres humanos ya crecidos. Sin embargo, ahora me estoy dando cuenta de que haber crecido no siempre significa estar totalmente preparado para afrontar los escollos de vivir en un mundo imperfecto y a veces brutal. No digo esto para desanimarte si tienes hijos más jóvenes, pero tener hijos entre los veinte y los treinta años ha resultado ser la etapa más desafiante de mi experiencia en la maternidad.

Una razón importante es que he tenido que aprender a cambiar mi forma de ser madre. Mis hijos son adultos que viven en sus propias casas, tienen sus propios hijos y pagan sus propias facturas. Mi influencia debe guiarlos cuando me piden ayuda, no exigirles automáticamente que hagan las cosas a mi manera. ¡Esto es difícil! A veces lo hago bien y otras veces me equivoco por completo. No obstante, estoy dispuesta a hacer los cambios necesarios para pasar de lo que era apropiado cuando tenían diez años a lo que es más razonable ahora que son mayores. Puedo hacerles sugerencias, pero no exigencias inapropiadas. Puedo guiarlos, pero no controlarlos. Puedo ayudarlos, pero no imponerles. Puedo sufrir cuando ellos sufren, pero no apropiarme de sus problemas como si fueran míos para arreglarlos.

Es bueno reflexionar sobre este cambio, tanto si eres madre de niños como si eres su mentora. Nuestro objetivo no debería ser solo criar niños. Queremos criar adultos capaces a quienes amamos y dejamos libres.

Oremos esta noche para que Dios nos muestre cómo invitarlo a participar en nuestras tareas, sabiendo que incluso cuando no nos sentimos lo suficientemente buenas, su fuerza compensa cada debilidad.

ALGO PARA ENTREGARLE A DIOS HOY:

_____

_____

UNA ORACIÓN PARA DECLARAR ANTES DE DORMIR:

Dios, a veces me siento poco calificada e incapaz de completar las tareas que me has puesto por delante. Hoy, estoy muy agradecida por la fuerza y el apoyo que me proporcionas. Gracias por elegirme y amarme lo suficiente no solo para salvarme, sino también para darme un propósito. Estoy buscando oportunidades para decir que sí esta semana. En el nombre de Jesús, amén.

DÍA **43**

Una pequeña
pero muy
importante
elección
para hacer
hoy

> «El que es fiel en lo muy poco, es fiel también en lo mucho».
>
> LUCAS 16:10

POR LA MAÑANA

Hoy tenemos que hacer una elección.

Podemos mirar hacia afuera y ver las ilimitadas y abundantes oportunidades que Dios ha puesto ante nosotras. Crear. Servir. Amar. Sanar. Lograr.

O podemos observar la oportunidad que otra persona puede estar aprovechando ahora mismo y enredarnos en la mentira del enemigo de que todo es escaso. Las oportunidades son escasas. Las posibilidades son escasas.

Ayer hablábamos de María y nos preguntábamos cómo se habría sentido ella ante su encargo de ser la madre de Jesús. Sin embargo, más allá de tener un momento marcado con Dios, al decidir que queremos ser usadas por él, también quiero que tengamos cuidado de no ver a una hermana como una amenaza para nuestras propias historias.

Cuando esto sucede, empezamos a ver su progreso como una amenaza para nuestro proceso más lento. Empezamos a ver sus logros como una amenaza para nuestras oportunidades. Podemos comenzar a alejarnos de las personas a las que deberíamos animar, porque nos quedamos estancadas mirando y comparándonos.

Oro hoy para que lo que sea que Dios nos pida, digamos que sí con un corazón dispuesto, confiando en su tiempo y aceptando lo que él nos está pidiendo a *nosotras* que hagamos hoy:

- esa llamada telefónica que nos ha estado impulsando a hacer;
- esa sesión de consejería que nos ha estado recordado que debemos reprogramar;
- esa vecina a la cual sabemos que le encantaría pasar un rato agradable con nosotras;
- ese paso hacia el perdón que nos está invitando a dar con otra persona.

Sin importar lo que sea, grande o pequeño, será más significativo que lo que podamos discernir de antemano. Donde sea que Dios nos lleve, él nos guiará. Sin embargo, a menudo nos quedamos atascadas por ser desobedientes a un paso que él nos ha impulsado a dar.

Dios puede llevarte por caminos extraños a través de temporadas tranquilas en las que te preguntas si lo has escuchado mal. Sé lo desilusionante que esto puede ser.

¿Cómo es que esa otra mujer parece haber sanado tan rápido y ahora está ayudando a otros, mientras que mi progreso parece mucho más lento? Tan insignificante. Tan ignorado.

Ella es, al igual que tú, importante para él.

¿Cómo puedo ver a Dios convertir mi dolor en un ministerio con propósito cuando después de preparar mi lección de estudio bíblico durante semanas, solo tres mujeres se presentaron?

Esas tres mujeres son muy significativas para él.

¿Cómo puede ser que todo el tiempo que conlleva ir a consejería y ahondar en el pasado sea parte de un gran plan para avanzar?

Tu sanidad es importante para él.

En el momento en que te des cuenta de que cada paso que das es significativo para Dios, estarás más dispuesta a obedecerlo en lugar de resistirte a él. Ese será el momento en que veas que la vida no se trata del punto de llegada, sino de permanecer alineada con el corazón de Dios.

Protege esa alineación con la pasión más feroz y con todo el poder que tengas en ti. Estar con Jesús es el llamamiento supremo. Todo lo demás son solo deberes.

Y el viaje parece ser más alegre cuando nos animamos unos a otros.

Una frase para recordar al comenzar el día de hoy: — ||||·|||

La vida no se trata del punto de llegada, sino de permanecer alineada con el corazón de Dios.

POR LA NOCHE

Los grandes pasos hacia la sanidad se componen siempre de muchas pequeñas y sabias decisiones. He aquí algunos ejemplos a tener en cuenta:

- Elige algunos hábitos nuevos y saludables. El tiempo que ya no pierdes tratando de arreglar a otra persona puedes invertirlo en tu propio viaje hacia la salud y la sanidad.
- Dirige tus pensamientos. En lugar de pasar innumerables horas obsesionada con lo que ha pasado, pon un cronómetro y date cinco minutos para centrarte en las cosas difíciles. Luego dirige tus pensamientos en otra dirección. Hay muchas otras cosas maravillosas en las que pensar y soñar.
- Conéctate y planea hacer algo divertido con una amiga. La tristeza a menudo nos hace querer aislarnos. En lugar de apartar a los demás de tu vida, da pequeños pasos para invitarlos a entrar.

- No des por sentado que todo va mejor para los demás. Nuestros problemas pueden sentirse muy demandantes. Pero cuando los demás digan que están orando por ti, además de invitarlos a participar en tus peticiones, pregúntales cómo les va también y cómo puedes orar por ellos.
- Resístete a la tentación de escribir guiones en tu cabeza basados en lo que la persona que te hirió podría estar diciendo. Busca un consejero que te ayude a procesar tu dolor basándose en hechos y no en suposiciones.

ALGO PARA ENTREGARLE A DIOS HOY:

_____

_____

UNA ORACIÓN PARA DECLARAR ANTES DE DORMIR:

Padre celestial, es muy fácil pasar por alto las cosas pequeñas: las pequeñas decisiones, las pequeñas formas en que te muestras en mi vida, los pequeños pasos de avance que he experimentado en mi proceso de sanidad. Dame ojos para ver cómo te mueves en lo grande y en lo pequeño. Sé que todo es importante para ti. En el nombre de Jesús, amén.

DÍA

44

Considera
la fuente

> La lengua del sabio hace grato el conocimiento, pero
> la boca de los necios habla necedades.
>
> PROVERBIOS 15:2

POR LA MAÑANA

Fue uno de esos mensajes de voz que me dejaron preguntándome: *¿Qué hago con todo lo que ella acaba de decir?* Me sorprendió la crítica y sentí que era el momento perfecto para encontrar un agujero y meterme en él.

Las críticas duelen. No importa quién seas, cuántas personas te estén animando, y lo feliz que te hayas sentido antes de recibir esa llamada o ese correo electrónico o ese comentario en las redes sociales.

Cuando estamos tratando de mantener nuestros corazones limpios, buscar a Jesús, leer su Palabra y dar pasos de sanidad cada día, tenemos una opción ante *estas* decisiones. Podemos permanecer disciplinados en estas cosas. No obstante, la crítica es diferente. Podemos hacer todo lo posible para hacer lo correcto, pero la crítica sigue apareciendo en nuestra puerta completamente sin invitación y por lo general en el peor momento.

En esas ocasiones, me gustaría tener una vía de escape. Pero no la tengo.

Sin embargo, he adquirido un cambio de perspectiva que me ha ayudado y quiero animarte compartiéndotelo hoy: las críticas duras e innecesarias dicen mucho más sobre las inseguridades de esa persona que sobre nuestras incompetencias.

No se trata de hincharnos de orgullo y avergonzar a la otra persona. No, esta es una postura de humildad que me permite mantener un corazón compasivo cuando me lanzan críticas. En lugar de reaccionar a la defensiva y de manera emocional, puedo considerar la fuente de esta crítica y discernir si esta persona está ofreciendo su comentario para ayudarme o me lo está lanzando con la intención de hacerme daño.

Si hay algo de verdad en la crítica, deberíamos considerar un cambio de rumbo. Sin embargo, si la crítica es destructiva e hiriente, debemos recordar las palabras de Proverbios 15:2: «La boca de los necios habla necedades». La definición de *necedad* es una «falta de entendimiento o razón».[1]

Una vez más, este versículo no tiene por objeto convertirse en un arma y calificar a quien nos critica como necio. Pero la crítica puede revelar que hay una falta de entendimiento impulsando lo que la persona dijo. Mi consejero, Jim Cress, a menudo dice: «La gente critica por ignorancia» .

Como mencioné en el Día 16, Jim también me recuerda: «Sé curiosa, no furiosa». A veces, hacer preguntas en lugar de intentar defenderme inmediatamente me ayuda a mantener la calma.

Preguntas como: «¿Podrías ayudarme a entender por qué te molesta tanto esto?» o «Gracias por preocuparte por mí lo suficiente como para llamar mi atención al respecto. ¿Qué esperas que haga con esta información?».

Es posible que al principio no queramos estar tranquilas. Pero estoy aprendiendo que mantener la calma es un regalo tanto para mí como para el que me critica. No podemos arreglar el daño que ha causado esa persona. Sin embargo, podemos decidir mantener la calma y no multiplicar el daño con más críticas a cambio. Proverbios 15:1 dice: «La suave respuesta aparta el furor, pero la palabra hiriente hace subir la ira».

La crítica duele en cualquiera de sus formas porque se nos queda grabada. Es mucho más probable que recordemos un comentario crítico que cien comentarios positivos. ¿A qué se debe esto? Un artículo publicado por CBS News aportó una visión fascinante al respecto: «Y ese tipo de dolor [la crítica] es difícil de olvidar para cualquiera de nosotros. Entonces, ¿por qué las cosas desagradables son tan inolvidables? Los científicos le llaman a esto sesgo de negatividad. La teoría es que las malas noticias tienen un impacto mucho mayor en nuestro cerebro».[2] El artículo continúa diciendo que ha sido así desde que nuestras vidas dependían de poder recordar, sobre todo lo que podía matarnos, como medio de supervivencia.

Nuestro cerebro quiere saber que estamos a salvo, que no estamos siendo amenazadas y que podemos avanzar con confianza. Si recuerdo esto, es mucho más probable que entienda parte de la carga emocional que se produce cuando me llegan las críticas. Podré gestionar mejor mi reacción si dirijo mi mente con pensamientos como este: *Esta es la opinión de una persona, pero no es la opinión de todo el mundo. Si hay algo útil en lo que dice, entonces puedo tomar eso y desechar el resto. Estoy a salvo y puedo seguir adelante.*

Aunque no podemos elegir lo que nos sobreviene, podemos elegir no agravar las cosas añadiendo nuestras pobres reacciones a la mezcla. Podemos responder con una respuesta gentil que honre a Dios o al menos inicie el diálogo necesario. Y ciertamente, no podemos dejar que este dolor nos impulse a criticar a la otra persona y causar cada vez más dolor.

Decidamos hoy que las críticas duras e innecesarias terminan con nosotras.

Una frase para recordar al comenzar el día de hoy: —— ||||||| ——

Las críticas duras e innecesarias dicen mucho más sobre las inseguridades de esa persona que sobre nuestras incompetencias.

POR LA NOCHE

Mientras que las palabras de la crítica duelen, hay otras formas poderosas y beneficiosas en las que podemos usar nuestras palabras. Antes de irnos a dormir esta noche, veamos algunos versículos que contienen una sabiduría instructiva sobre cómo usar nuestras palabras de una manera que honre a Dios:

- «No salga de la boca de ustedes ninguna palabra mala, sino solo la que sea buena para edificación, según la necesidad *del momento*, para que imparta gracia a los que escuchan» (Efesios 4:29).
- «Hay quien habla sin tino como golpes de espada, pero la lengua de los sabios sana» (Proverbios 12:18).
- «Panal de miel son las palabras agradables, dulces al alma y salud para los huesos» (Proverbios 16:24).
- «Sean gratas las palabras de mi boca y la meditación de mi corazón delante de Ti, oh Señor, roca mía y Redentor mío» (Salmos 19:14).

Nuestras palabras son un reflejo directo de nuestro corazón. Y tu corazón es un lugar demasiado hermoso como para llenarlo de perspectivas duras, críticas, exigentes o poco saludables.

Como nuestros corazones están sanando, asegurémonos de que nuestras palabras se centren en la sanidad y no en el daño. «Porque de la abundancia del corazón habla su boca» (Lucas 6:45).

ALGO PARA ENTREGARLE A DIOS HOY:

_____

_____

UNA ORACIÓN PARA DECLARAR ANTES DE DORMIR:

Dios, las críticas pueden herir mi corazón de una manera muy profunda. Sáname de cualquier crítica del pasado a la que todavía me aferro. Ayúdame a desechar cualquier acusación o comentario hiriente y en cambio a caminar en la identidad que me has dado. Te amo, Señor. En el nombre de Jesús, amén.

DÍA 45

Aliento para
un corazón
afligido

¿Dónde está, oh muerte, tu aguijón? ¿Dónde, oh sepulcro, tu victoria?

1 CORINTIOS 15:55 (RVR1960)

POR LA MAÑANA

La pérdida de un ser querido puede herir tu corazón con tanta fuerza que redefine para siempre quién eres y cómo piensas. Eso es lo que yo llamo un pesar profundo.

Sé que algunas de ustedes pueden encontrarse enfrentando este tipo de dolor en este momento. Es un dolor que lucha en contra de todo lo que siempre has creído. Tanto es así, que te preguntas cómo las promesas que ayer parecían tan reales en aquellas delgadas páginas de la Biblia podrían resistir hoy el peso de esta enorme tristeza.

Esto es parte de lo que hace que hablar de la muerte sea algo tan difícil. La mera mención de la muerte y la agonía puede suscitar una enorme cantidad de dolor no resuelto.

Recuerdo haber estado al lado de un ataúd demasiado pequeño para aceptarlo. Había rosas rosadas por todas partes. Mi corazón estaba aturdido y destrozado. Todavía hay ciertas fechas en el calendario que pueden desencadenar una avalancha de preguntas y dolor en torno a la trágica pérdida de mi hermana pequeña. Imagino que tú también tienes días así.

Sin embargo, no es solo el dolor lo que lo hace difícil. También puede haber mucho miedo. Miedo a que mueran otros seres queridos. Miedo a nuestra propia muerte. Miedo a lo que pueda ser el proceso de la muerte para nosotras. Todo esto puede resultar muy abrumador y paralizante.

Estoy muy agradecida de que las Escrituras contengan poderosas verdades que podemos recordar cuando el miedo a morir intenta impedirnos vivir plenamente. Podemos sentir miedo, pero no tenemos que vivir con miedo.

Los cristianos aprendemos desde el principio que «la paga del pecado es muerte» (Romanos 6:23) y que Jesús vino a pagar ese precio por nosotros. Hebreos 2:17 dice que él vino «para hacer propiciación por los pecados del pueblo». La definición de la palabra griega utilizada aquí para «propiciación», *hilaskomai*, implica tanto «hacer expiación» como «mostrar misericordia».[1]

Me encanta cómo se manifiesta la misericordia de Jesús en Hebreos 2:14-15: «Así que, por cuanto los hijos participan de carne y sangre, también Jesús participó de lo mismo, para anular mediante la muerte el poder de aquel que tenía el poder de la muerte, es decir, el diablo, y librar a los que por el temor a la muerte, estaban sujetos a esclavitud durante toda la vida».

Estas palabras se sienten muy personales.

Cuánta gracia y bondad, Jesús vino a liberarnos tanto del poder de la muerte como del miedo a ella.

Donald Guthrie afirmó en su comentario sobre Hebreos que parece «paradójico que Cristo utilizara la muerte como medio para destruir la malicia de la muerte».[2] No obstante, debido a que la muerte se había convertido en una realidad para nosotros como resultado del pecado, solo la ofrenda de la vida sin pecado de Jesús podía revertir esta maldición (Romanos 5:12-17).

Por medio de su muerte, Jesús derrotó a la muerte por nosotros. Y su cuerpo resucitado nos permite ahora declarar: «¿Dónde está, oh muerte, tu aguijón? ¿Dónde, oh sepulcro, tu victoria?» (1 Corintios 15:55, RVR1960).

Esto no significa que nuestros corazones no vayan a experimentar una profunda pena o a sentir el dolor de la pérdida a este lado de la eternidad. Aunque se le quitara el veneno a un escorpión letal, su aguijón seguiría doliendo. Sin embargo, el ataque del escorpión ya no tendría el poder de acabar con tu vida. Esto es lo que ha hecho Jesús. Él ha eliminado la fatalidad del aguijón de la muerte y nos ha dado la victoria (1 Corintios 15:57).

Para los que creen en Jesucristo como el Señor de sus vidas, la muerte no es el final. Es otro comienzo. La muerte no es más que un pasaje en el momento designado por Dios para que finalmente escapemos de este mundo quebrantado y lleno de imperfecciones y seamos bienvenidas al hogar perfecto y eterno que hemos estado anhelando toda nuestra vida (Apocalipsis 21:4).

Sé lo increíblemente difícil que puede ser todo esto. Pero aferrémonos al dulce conocimiento de que Jesús ya ha ido antes que nosotras. No tenemos que tener miedo.

¿Y si estás luchando con el dolor punzante de un pesar profundo en este momento?

Date gracia para afrontarlo. Incluso cuando tenemos la certeza de que algún día volveremos a ver a nuestro ser querido, la realidad es que el pesar profundo requiere tiempo. Es necesario orar. Es necesario vadear un océano de lágrimas, solo para descubrir un día que el sol sigue brillando.

Sigue aferrándote al conocimiento de que, incluso en nuestro dolor, Dios está cerca y cada una de sus promesas es verdadera.

Una frase para recordar al comenzar el día de hoy: ——— ||॥|||

Incluso en nuestro dolor, Dios está cerca y cada una de sus promesas es verdadera.

POR LA NOCHE

En este mundo, la pérdida nos aflige, como debe ser. Sin embargo, esta angustia que puede parecer tan definitiva aún contiene esperanza. Al mismo tiempo que lloramos una pérdida, adquirimos cada vez más conciencia de una perspectiva eterna. El duelo requiere un trabajo tan profundo y un proceso tan largo que parece que no vamos a sobrevivir. Pero finalmente lo hacemos. Y aunque en este lado de la eternidad nunca estemos de acuerdo en que el canje que Dios nos ofreció vale lo que hemos perdido, nos aferramos a la esperanza confiando en la promesa de Dios de que este mundo es como vapor, pero la eternidad es para siempre (Santiago 4:14). Así que, aunque lloremos, podemos poner esta pérdida en las manos de Dios.

Todo lo perdido que ponemos en las manos de Dios no es una pérdida para siempre.

Martín Lutero dijo: «He tenido muchas cosas en mis manos y las he perdido todas; pero todo lo que he puesto en las manos de Dios, todavía lo poseo».[3]

Dios tomó la costilla de Adán. Le devolvió una mujer como regalo. Dios le quitó a Abraham la tierra de su familia. Le devolvió una tierra prometida y una descendencia tan numerosa como las estrellas del cielo (Génesis 26:4). Dios llevó a Jesús a través de una brutal crucifixión. Le devolvió la salvación al mundo. No todo lo que nos fue quitado ha sido por la mano de Dios. Sin embargo, cuando coloco mentalmente todas y cada una de las pérdidas en sus manos, pueden ser redimidas. La pérdida nunca es el final de la historia.

Esta es la triste realidad: ningún ser humano pasa por la vida sin ser herido profundamente en algún momento. El dolor nos encuentra a todos. Mientras procesamos nuestra propia pena, oro para que también cultivemos corazones sensibles que crezcan atentos y compasivos hacia otras personas en medio de su dolor.

Tenemos una hermosa invitación para esta noche: poner todo en las manos de Jesús. Él está contigo en tu dolor, querida amiga. Recuerda las palabras de Salmos 34:18: «Cercano está el Señor a los quebrantados de corazón, y salva a los abatidos de espíritu».

ALGO PARA ENTREGARLE A DIOS HOY:

UNA ORACIÓN PARA DECLARAR ANTES DE DORMIR:

Oh, Señor, tú estás cerca de mí en medio de mi dolor. No quiero dejar que la angustia que he experimentado me lleve a perder el interés en mi relación contigo o mi relación con los demás. Muéstrame quién puede ser una amiga de confianza durante este tiempo difícil. Es posible que esta sea una temporada de angustia, pero también declaro que es un tiempo santo marcado por la cercanía contigo. En el nombre de Jesús, amén.

DÍA 46

Todo se reduce a nuestra elección

La *semilla* que cayó entre los espinos, son los que han oído, y al continuar su camino son ahogados por las preocupaciones, las riquezas y los placeres de la vida, y su fruto no madura.

LUCAS 8:14

POR LA MAÑANA

Para la mayoría de nosotras, la vida no ha sido un camino de rosas.

¡Qué afirmación tan extraña! Se supone que la misma significa que no he vivido una vida sin tropiezos ni heridas. Sin embargo, piensa en un verdadero camino de rosas. ¿No tiene tanto espinas como flores?

Mi tía cultivó rosas durante años. Viví con ella casi un año cuando cursaba la escuela secundaria y mi familia se estaba desmoronando. Recuerdo que me decía que no corriera por su jardín de rosas. Después de todo, ella tenía un gran terreno que se desplegaba en amplios campos abiertos. Podía correr allí.

No obstante, yo no quería.

Solo quería correr por el jardín de rosas. Deseaba abrir los brazos y correr entre las hileras, rozando con las yemas de los dedos todas las flores aterciopeladas. Quería que algunas de las flores se rompieran y llovieran pétalos por todas partes. Entonces podría recoger los pétalos y esparcirlos a lo largo del camino.

Quería que mi mundo fuera suave, rosa y encantador. No deseaba pensar en que mi padre había abandonado a nuestra familia. Mi corazón no podía procesar que él no solo ya no viviría con nosotros, sino que además se estaba alejando lentamente de participar en nuestras vidas.

Así que empecé a correr con los brazos extendidos, solo para sentir un dolor punzante en los primeros pasos.

Espinas. Espinas grandes, malvadas y viciosas. Espinas que desgarraron mi carne y liberaron el torrente de lágrimas que había estado tan decidida a contener. De repente, odié esos arbustos. Quería cortarlos y tirarlos contra el suelo. Pero no podía hacerlo. No podía destruir algo que producía tanta belleza.

Me alejé de la fuente de mi dolor y me pregunté: *¿Debo llamarlo arbusto de espinas o arbusto de flores?* En realidad, podría ser ambas cosas.

De repente, no estaba mirando solo un arbusto. Estaba contemplando mi vida. Mi vida. Un camino de rosas.

¿Elegiría ver el daño o ver la belleza?

Lucas 8:14 dice: «La *semilla* que cayó entre los espinos, son los que han oído, y al continuar su camino son ahogados por las preocupaciones, las riquezas y los placeres de la vida, y su fruto no madura». La semilla a la que se hace referencia aquí es la Palabra de Dios. ¿No es interesante que se diga que las personas que son ahogadas por las circunstancias de la vida y nunca maduran tienen espinas en su alma?

Sí, a veces la vida nos arroja espinas, pero tenemos la opción de enfocar nuestra mente en la espina o en la belleza que finalmente puede producir en nosotras si solo nos aferramos con fuerza a la Palabra de Dios. Tal como piensan las personas, en eso se convertirán.

Si siempre reparamos en lo negativo de la vida, nos convertiremos en personas negativas, y a la Palabra de Dios le costará echar raíces en nuestra alma. Si por el contrario reconocemos lo negativo, pero elegimos buscar lo bueno que puede surgir de ello, la Palabra de Dios echará raíces en nuestra alma y producirá una exuberante cosecha de belleza.

Todo se reduce a nuestra elección. Aquel día en el jardín de mi tía elegí ser consciente de las espinas, pero enfocar mi mente en las hermosas rosas.

Y a lo largo de los años, he llegado al lugar donde me doy cuenta de que puedo centrarme en el dolor que causó la ausencia de mi padre o puedo elegir enfocarme en otras cosas de mi vida. Cosas hermosas. Enfocarse en la belleza no es negar el dolor. Es simplemente negarse a dejar que me robe algo más.

Hace más de treinta años que no veo a mi padre biológico. Eso es difícil para el corazón de una chica. Pero Dios ha llenado los vacíos que él no pudo ocupar. No tengo que ser la hija de un padre ausente el resto de mi vida; puedo ser una hija de Dios. Amada. Plenamente amada.

Una frase para recordar al comenzar el día de hoy: — ❘❘❘•❘❘❘ —

Enfocarse en la belleza no es negar el dolor.
Es simplemente negarse a dejar que me robe algo más.

POR LA NOCHE

Las personas más felices no son las que tienen una vida perfecta, sino las que son más capaces de mantener las imperfecciones en perspectiva. Que algunas cosas sean difíciles no significa que todo sea difícil.

Yo misma sigo aprendiendo esta lección.

No existe un día perfecto. Una semana perfecta. Una vida perfecta. Un hogar perfecto. Una familia perfecta.

Mientras más nos resistamos a esta realidad, menos disfrutaremos de los momentos dulces y especiales de nuestra vida. Porque he aquí un secreto poco conocido sobre las imperfecciones: lo que hace que las cosas sean más bellas, más memorables y más notables son esos regalos inesperados envueltos en imperfecciones.

Las imperfecciones ayudan a los demás a descruzar los brazos, relajarse y reírse. Podemos fácilmente centrarnos en algo que no salió «bien» y dejar que eso arruine el momento, o podemos reírnos de ello y decirnos: «Esto será una gran historia algún día».

En pocas palabras, si traes la felicidad, tu vida será hermosa.

No perfecta, pero hermosa.

Acepta lo inesperado. Sonríe ante las locuras. Ríete de lo imprevisto. Y relájate. Toma la decisión intencional ahora mismo de que mañana, si traes la felicidad, tu día será hermoso.

ALGO PARA ENTREGARLE A DIOS HOY:

_____

_____

UNA ORACIÓN PARA DECLARAR ANTES DE DORMIR:

Querido Señor, puede ser realmente difícil enfocarse en los pétalos en lugar de en las espinas de la vida. Pero quiero que la tierra de mi alma esté fértil y preparada para recibir tu Palabra. ¿Producirás belleza en mi vida a pesar de las espinas que me han herido? En el nombre de Jesús, amén.

DÍA

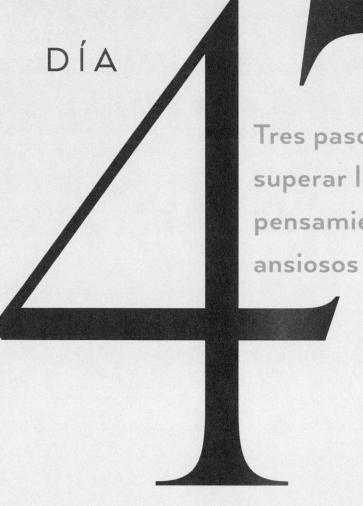

47

Tres pasos para
superar los
pensamientos
ansiosos

La paz les dejo, Mi paz les doy; no se la doy a ustedes como el
mundo la da. No se turbe su corazón ni tenga miedo.

JUAN 14:27

POR LA MAÑANA

La ansiedad. Ninguna de nosotras es completamente inmune a los sentimientos de ansiedad desgarradores que hacen palpitar nuestro corazón.

La mayoría de nosotras ha tenido una lucha personal con este ladrón de la paz.

Estoy muy agradecida de que Dios haya hablado de esta lucha en la Biblia. Eso nos recuerda que Dios no quiere que la ansiedad se apropie constantemente de nuestra vida. Él no quiere que caminemos a través de nuestros días o nos acostemos por la noche atormentadas por pensamientos ansiosos. Tampoco quiere que tomemos decisiones impulsadas por el temor y que nos perdamos de ver las cosas buenas que él tiene preparadas para nosotras.

Incluso el mismo Jesús habló de este tema cuando nos dijo en Juan 14:27 que él nos dejó la paz. La *paz*. No la preocupación. No el miedo. No la ansiedad.

No se equivoquen, queridas amigas, el enemigo pretende que nos sintamos sin esperanza. Quiere que vivamos esclavizadas a nuestras preocupaciones y miedos. Sin embargo, Dios desea que sepamos que no tenemos que dejar que la ansiedad nos robe nuestra paz, nuestra esperanza o nuestra alegría ni un solo día más.

En lugar de permitir que los pensamientos ansiosos hagan estragos en nuestros corazones y mentes, practiquemos estos tres pasos:

1. *Ora con sinceridad.* La oración conecta nuestra ansiedad abrumadora con el poder vencedor de Dios. Dios puede ayudarnos a redirigir nuestros corazones y mentes lejos de los pensamientos ansiosos y hacia las verdades y promesas que se encuentran en él. Tenemos pleno permiso para derramar nuestros corazones ante él con sinceridad. Podemos presentarle cada temor, cada petición, cada necesidad sin vacilar ni disculparnos (1 Pedro 5:7). Cuando lo hacemos, descubrimos que la oración y la paz caminan de la mano.

2. *Lee las verdades de Dios.* Podemos pensar intencionalmente en la verdad buscando escrituras que hablan de los problemas que estamos enfrentando. Cuando guardamos la verdad de Dios en nuestros corazones, nos estamos armando con la herramienta más poderosa disponible: ¡su Palabra! (Hebreos 4:12).

3. *Verbaliza la confianza en él.* Podemos citar las escrituras que hemos memorizado a lo largo del día. Hay un tremendo poder en citar un versículo lenta e intencionalmente, reclamando las verdades contenidas en él y verbalizando nuestra creencia en Dios en voz alta.

Estoy convencida de que mientras más nos acerquemos a Dios en oración y más llenemos nuestras mentes con su Palabra, más se disiparán nuestros temores y ansiedades.

La oración conecta nuestra ansiedad abrumadora con el poder vencedor de Dios.

POR LA NOCHE

Hay un pasaje bíblico conocido acerca de la ansiedad que a la gente le gusta citar y se encuentra en Filipenses 4:6-7: «Por nada estén afanosos; antes bien, en todo, mediante oración y súplica con acción de gracias, sean dadas a conocer sus peticiones delante de Dios. Y la paz de Dios, que sobrepasa todo entendimiento, guardará sus corazones y sus mentes en Cristo Jesús».

Me encantan estos versículos. Se los he enseñado a mis hijos. Y a medida que he pasado tiempo estudiándolos, he notado algo interesante: las cuatro palabras poderosas del versículo que les precede. Filipenses 4:5 termina así: «El Señor está cerca». Y debido a que el Señor está cerca, no tenemos que estar ansiosas. Tenemos la seguridad de su presencia apacible.

Cuando pongo este versículo en contexto y veo cómo Dios promete estar conmigo y con los que amo, esta escritura adquiere un nuevo significado para mí.

Su presencia más su promesa ahuyentan nuestros pensamientos ansiosos.

ALGO PARA ENTREGARLE A DIOS HOY:

_____

_____

UNA ORACIÓN PARA DECLARAR ANTES DE DORMIR:

Padre Dios, gracias por las formas amorosas en que ofreces ayudarme cuando mi corazón se siente ansioso y temeroso. En lugar de avergonzarme por mis sentimientos, te ofreces a sentarte conmigo en medio de ellos. En lugar de esperar que yo misma me recomponga, me ofreces tus palabras que me sostienen y me traen paz. Eres un Padre muy bueno y misericordioso. Uno en el que sé que puedo confiar y al cual invocar en todo momento. En el nombre de Jesús, amén.

DÍA

48

El poder
para
vivir las
Escrituras aun cuando parece imposible

> **Revístanse de toda la armadura de Dios, para que puedan
> hacer frente a las asechanzas del diablo.**
>
> EFESIOS 6:11 (RVC)

POR LA MAÑANA

Sé lo que se siente al haber sido herida tan profundamente que vivir los mandamientos de las Escrituras sobre perdonar parece demasiado cruel incluso para considerarlo.

¿Cómo puedo ofrecer el perdón como lo ordena Colosenses 3:13 («Soportándose unos a otros y perdonándose unos a otros, si alguien tiene queja contra otro. Como Cristo los perdonó, así también *háganlo* ustedes») cuando alguien me ha herido hasta el punto de temer no volver a sentirme normal? ¿Y cómo se puede esperar que sea una mujer de gracia y compasión, como me pide Efesios 4:32, cuando el dolor parece no tener fin y quien me ha herido actúa como si no fuera gran cosa?

Estas son preguntas que no solo tienen que ver con el dolor y la pérdida, sino también con una pena tan profunda que puede resultar enloquecedor pensar que las Escrituras deberían aplicarse en estas circunstancias.

Y es aquí cuando debo recordar con exactitud que la verdad que se proclama y se vive es un arma ferozmente precisa contra el mal. La verdad dice que tengo un enemigo, pero no es la persona cuyas elecciones me han causado gran dolor.

Sí, la gente tiene la opción de pecar contra nosotras o no. Y ciertamente, cuando somos heridas, la persona que nos hace daño ha participado voluntariamente en el plan del enemigo. Pero me ayuda recordar lo que Pablo enseñó en Efesios 6:10-13: que las personas no son mi verdadero enemigo. El diablo es real y lleva a cabo un ataque sin tregua contra todas las cosas buenas. Él odia la palabra *unidad* e intencionalmente conspira y trabaja en contra de las relaciones. Sin embargo, las Escrituras nos dicen que podemos oponernos a las asechanzas del enemigo.

Efesios 6:11 nos recuerda: «Revístanse de toda la armadura de Dios, para que puedan hacer frente a las asechanzas del diablo» (RVC).

El término que se traduce «puedan» es *dynasthai* en el lenguaje griego original, que significa «soy poderoso, tengo el poder».[1] Podemos sentirnos impotentes cuando el enemigo nos crea problemas, pero no lo somos. El secreto está en ser conscientes de ello. Y en saber de dónde viene ese poder.

Cuando Pablo nos ordena «fortalézcanse» en Efesios 6:10, se puede interpretar en el griego original en voz pasiva. Pablo estaba diciendo que deberíamos «ser hechos fuertes o ser fortalecidos». Hay una tremenda libertad que se encuentra en esta sutil diferencia. Dios no nos está llamando a encontrar un poder dentro de nosotras mismas para superar las batallas que enfrentamos. La razón por la que podemos «[fortalecernos] en el Señor y en el poder de su fuerza» (Efesios 6:10) es porque el mismo poder de Dios que resucitó a Cristo de entre los muertos a través del Espíritu vive en nosotras (Efesios 1:19-21).

El poder no está en duda. Sin embargo, nuestra conciencia de este a menudo aumenta y disminuye según nuestra voluntad de hacer lo que la Palabra de Dios dice que hagamos en tiempos de conflicto. Esto no significa que pasemos por alto las ofensas que deben ser atendidas. Tampoco significa que toleremos los comportamientos destructivos y que les permitamos a los que nos han hecho daño libre acceso para seguir hiriéndonos. No, pero sí significa que elegimos vivir la Palabra de Dios sin importar qué respuesta es necesaria en cada situación que enfrentemos.

No lo haremos bien todo el tiempo. Pero al enfocarnos en la Palabra de Dios desarrollaremos una inclinación hacia el perdón y nos alejaremos de la amargura. Recuerda, cuando no queremos poner en práctica la Palabra de Dios con otra persona, pero aun así hacemos lo que Dios dice, eso constituye una derrota épica del enemigo. Los sentimientos heridos no suelen querer cooperar con las instrucciones sagradas. Sin embargo, no hay nada más poderoso que una persona que vive lo que la Palabra de Dios enseña.

Una frase para recordar al comenzar el día de hoy:

Los sentimientos heridos no suelen querer cooperar con las instrucciones sagradas.

POR LA NOCHE

Si nadie más en este mundo ha tenido la amabilidad de decirte esto, yo lo haré. Siento mucho, de verdad, todo lo que te ha pasado.

Siento mucho las cosas injustas y crueles a las que te estás enfrentando.

Pero amiga, antes de que te vayas a dormir esta noche, permitamos que esta verdad se asiente en lo más profundo de nuestros espíritus: la Palabra de Dios es buena, y es para nuestro bien. Él no nos ha dejado impotentes para vivirla. No importa por lo que estemos pasando, propongámonos mantenernos en sintonía con Dios y asumamos el compromiso de leer su Palabra y vivir sus instrucciones. No nos durmamos esta noche obsesionándonos de nuevo con todos los males que nos han causado últimamente. Recibamos la verdad de Dios y descansemos esta noche con la paz y los pensamientos que nos conducen a la sanidad.

ALGO PARA ENTREGARLE A DIOS HOY:

_____

_____

UNA ORACIÓN PARA DECLARAR ANTES DE DORMIR:

Padre Dios, estoy muy agradecida de que no me hayas dejado sin preparación para las batallas que enfrento. Tengo tu Palabra para guiarme, tu Espíritu en mi interior y tu armadura para protegerme. Ayúdame a recordar quién es mi verdadero enemigo. Y dame la fuerza y la sabiduría para vivir en obediencia a ti, sin importar lo que digan mis sentimientos. En el nombre de Jesús, amén.

DÍA **49**

Seguir adelante cuando esa
relación no funciona

> Si es posible, y en cuanto dependa de nosotros, vivamos en paz con todos.
>
> ROMANOS 12:18 (RVC)

POR LA MAÑANA

Soy fuerte. Soy paciente. Soy leal hasta el extremo. Mi amor es lo suficientemente fuerte como para soportarlo todo. No me rindo. No me alejo. Ni me alejaré.

Algunas de las mejores partes de mí no parecen alinearse con alguien que llega a un punto en una relación donde la misma ya no es sostenible y no se puede continuar. Romanos 12:18 me ha hecho tropezar a veces cuando dice: «Si es posible, y en cuanto dependa de nosotros, vivamos en paz con todos» (RVC). No obstante, hace poco me di cuenta de que Pablo usó intencionalmente la frase «si es posible», la cual implica que a veces *no* lo es.

A menos que dos personas en una relación estén dispuestas a unirse con humildad y trabajar juntas, a veces tendremos que aprender a seguir adelante cuando una relación no prospera.

Mi corazón es sensible a las personas que quieren que las relaciones funcionen con todo su corazón. Quiero animarte con algunas verdades extraídas directamente de mi diario que creo que en realidad te ayudarán, sin importar cómo esto se esté desarrollando actualmente en tu vida:

1. La redención con Dios es posible incluso cuando la reconciliación no lo es.

Una de las lecciones más difíciles pero más alentadoras que he aprendido es que Dios todavía puede hacer que nuestras historias sean hermosas, incluso si no terminan de la manera que pensábamos. Tenemos que tener cuidado de no confundir la redención con el reencuentro. El reencuentro o la reconciliación requieren que dos personas estén dispuestas a volver a estar juntas y a trabajar duro. Sin embargo, la redención es entre tú y Dios. Dios puede redimir tu vida aunque las relaciones humanas dañadas no se restablezcan. Y tú y yo podemos perdonar aunque la relación nunca llegue a restaurarse.

Es increíblemente liberador perdonar y no tener que esperar por la otra persona, que puede o no estar dispuesta a hablar de ello. El perdón no siempre consiste en hacer algo por una relación humana, sino en ser obedientes a lo que Dios nos ha ordenado hacer.

2. Solo puedes ser responsable de lo que dices y haces.

Cuando nos encontramos en una situación difícil en la que nuestro corazón está completamente roto, a menudo nos descubrimos haciendo y diciendo cosas que traicionan lo que realmente somos. No obstante, uno de los mejores consejos que les he dado a algunas de mis amigas es este: *demuestra que están equivocados*. No lo digo para hacer una declaración acerca de la otra persona, sino para hacer una declaración de dignidad con respecto a ti. Recuperar tu dignidad y redimir tu integridad es tu elección de aquí en adelante.

3. No tienes que saber por qué te han hecho daño para sentirte mejor.

No tienes que saber por qué te malinterpretaron, te traicionaron, no te quisieron ni te protegieron, ni se quedaron como debían. Sus razones tienen varias capas de una misteriosa mezcla de su propio dolor, desamor o lucha. Y al final, puede que ni siquiera estas personas sepan todas las razones por las que tomaron tales decisiones.

Aquí hay algo que escribí en mi diario que me dio permiso para seguir adelante cuando nunca supe realmente por qué sucedió todo:

> Saber por qué no es ningún regalo si no tiene sentido. Tal vez se aman a sí mismos demasiado o muy poco. Tal vez su corazón estaba demasiado desconectado o era duro o frágil. Los corazones sensibles no hieren ni lastiman ni menosprecian. Pero los corazones rotos con pasados no sanados pueden encontrarse a menudo recorriendo caminos equivocados. Hacen daño, escuecen, dicen palabras que realmente no quieren decir. El dolor que proyectan es solo un esfuerzo para proteger todo lo que se siente tan increíblemente frágil dentro de ellos.

Amiga, si quieres seguir adelante, si quieres sanar y dejar a un lado lo que te duele, esa es una decisión cien por ciento tuya. Los pasos necesarios los tienes que dar tú. Puedes seguir adelante desde aquí. De una buena manera. De una manera saludable. La sanidad es tuya para que la tomes y la conserves.

Una frase para recordar al comenzar el día de hoy: —— ||||·||| ——

No tienes que saber por qué te han hecho daño para sentirte mejor.

POR LA NOCHE

Me resulta muy interesante que la frase original para despedirse a finales del siglo dieciséis fuera «God Be with Ye» [Dios esté contigo]. La contracción de esa frase era «Godbwye», que finalmente se convirtió en «goodbye» [adiós]. Me he sentado a pensar en que las despedidas deberían ser más bien una invitación a ir con Dios que un portazo en la cara, un contacto eliminado y un charco de angustia restante. Incluso si la relación no puede avanzar, me gustaría un poco más de «Dios esté contigo» en mis despedidas.

Intentemos esto con algunas de las relaciones en nuestra vida. A veces nos sentimos incómodas y horribles. Otras veces nos duele tanto que es difícil reunir energía para hacer algo más que apretar los dientes y desahogarnos con nuestros consejeros. No obstante, ¿y si el pensamiento de que «Dios esté contigo» es realmente lo que nuestros corazones necesitan cuando nos enfrentamos a esas desgarradoras despedidas? Aunque no puedas decírselo a esa persona, puedes orarlo en tu corazón.

Antes de irnos a la cama esta noche, quiero invitarte a que intentes algo. La otra noche cerré los ojos e imaginé las manos de Jesús. En mi mente, empecé a poner todos los recuerdos, uno por uno, en sus manos fuertes, callosas por la carpintería, perforadas por los clavos y llenas de gracia. Le pedí al Señor que me ayudara a susurrar «Dios esté contigo» sobre cada recuerdo. Le pedí a Jesús que me ayudara a liberarme de algunos de los recuerdos, a aferrarme a otros y a hacer las paces con todo lo que pudiera. Tú también puedes hacerlo.

Este ejercicio de entrega no ha solucionado todo todavía. Sin embargo, ha sido un comienzo. Y creo que a través de este arduo pero santo proceso, Jesús está trabajando para sanar tanto tu corazón como el mío.

Señor, que así sea.

ALGO PARA ENTREGARLE A DIOS HOY:

_____

_____

UNA ORACIÓN PARA DECLARAR ANTES DE DORMIR:

Dios, acompáñame en cada despedida que afronte. Ya sea por una temporada o para siempre, confío en que al otro lado de este adiós hay algo bueno. Cuando sea necesario decir adiós, te buscaré para que me abraces y me guíes hasta lo que me depare la siguiente temporada de mi vida. Ayúdame a liberarme de algunos de los recuerdos, a aferrarme a otros y a hacer las paces con todo lo que pueda. Sé que no soy capaz de hacer nada de esto por mi cuenta, pero con tu ayuda, la sanidad es posible. En el nombre de Jesús, amén.

50

DÍA

Lo vas a
lograr

*Estoy convencido precisamente de esto: que el que comenzó en ustedes
la buena obra, la perfeccionará hasta el día de Cristo Jesús.*

FILIPENSES 1:6

POR LA MAÑANA

Al llegar a nuestro último día juntas en estas páginas, solo quiero decir que estoy muy orgullosa de ti, querida amiga.

Me enorgullece haberte encontrado por aquí. Con tu dolor, tu confusión, tus preguntas y oraciones sin respuesta, tu deseo de sanidad. Estoy llena de gratitud por haberme permitido ser tu amiga al caminar juntas a través de este libro, mientras tú también recorres las circunstancias de tu propia vida.

Para cerrar nuestro encuentro, quisiera que tomemos la decisión de que no dejaremos que ninguna de las dos se detenga aquí. No nos permitiremos renunciar. Seguiremos animándonos mutuamente hacia adelante en la sanidad, el crecimiento, el perdón y la belleza. Como he dicho antes, mientras más vivo, veo la sanidad cada vez menos como un destino y más como una elección de cada día. Todas estamos en un viaje. Así que sigamos tomando la decisión diaria de buscar el crecimiento y la sanidad juntas: «Estoy convencido precisamente de esto: que el que comenzó en ustedes la buena obra, la perfeccionará hasta el día de Cristo Jesús» (Filipenses 1:6).

El crecimiento y la sanidad tendrán un aspecto diferente en las distintas etapas que experimentemos. A veces el crecimiento se verá como:

- Creer que en la vida hay más por delante y nuevas alegrías que no nos queremos perder.
- Avanzar con paz y perspectivas más saludables.
- Decir que sí a las puertas que Dios nos abre y a las tareas que él tiene para nosotras.
- Lograr cosas emocionantes e importantes.
- Buscar la sanidad entre voces confiables y seguras en nuestro círculo interno.
- Aliviar el dolor de la soledad en otros (y luego ver cómo se alivia en nosotras).
- Confiar en Dios en todo tiempo y declarar con más confianza aún que él es bueno.

Continúa buscando el crecimiento hacia lo bueno y lo piadoso. Y recuerda, no te desanimes ante los inevitables retrocesos que puedas encontrar después de cerrar este libro: el crecimiento y la sanidad requieren algunos golpes. Este viaje puede necesitar un resquebrajamiento y una ruptura de lo que fue para formar un «nuevo» ser más saludable.

A medida que nos desarrollamos, el crecimiento puede requerir que nos enfrentemos a algunas situaciones complicadas. Y mientras alcanzamos lo nuevo, tal vez sea necesario que abordemos viejos patrones o actitudes poco saludables. Al igual que una semilla debe agrietarse y romperse para que pueda surgir una nueva vida, lo mismo sucede con nuestro crecimiento.

El crecimiento y la sanidad vienen en un paquete con algunas dificultades que no tienen sentido. Sospecho que no te estoy diciendo algo que ya no sepas. Sin embargo, he aquí una cosa en la que tal vez no has pensado: es cierto, el crecimiento puede requerir golpes y grietas y roturas. Pero el crecimiento no necesita acusaciones.

Esa voz que intenta asignarte calificativos debilitantes ve tu potencial de crecimiento como una amenaza. La voz del acusador pertenece a Satanás. Tu crecimiento y sanidad son parte de tu testimonio. ¿Y sabes lo que Satanás no quiere que sepas hoy?

Este versículo: «Porque el acusador de nuestros hermanos, el que los acusa delante de nuestro Dios día y noche, ha sido arrojado. Ellos lo vencieron por medio de la sangre del Cordero y por la palabra del testimonio de ellos» (Apocalipsis 12:10-11).

Satanás no quiere que sepas lo poderoso que es tu testimonio. Tampoco quiere que sepas que las declaraciones que honran a Dios y le dan poder a Jesús lo someten y lo vencen a él y a sus acusaciones. Él quiere descarrilarte y desanimarte en tu progreso de sanidad de modo que nunca permitas que lo que has pasado se convierta en un testimonio para que otros lo escuchen.

Porque los testimonios son herramientas poderosas contra el enemigo.

Este viaje puede estar lleno de preguntas y lágrimas y silenciosos retrocesos en pos de tu recuperación. Pero del crecimiento surgen los testimonios poderosos.

No olvides esto, amiga. Lo vas a lograr. Vas a estar bien. Más que bien. Vas a seguir creciendo, sanando y floreciendo hasta convertirte en una mujer fuerte y estable que camina en victoria. Oro para que el diablo se arrepienta de haberse metido contigo… ¡y conmigo!

Y en caso de que lo olvides, siempre estaré aquí en estas páginas para animarte.

Hacia adelante y hacia arriba, mis queridas hermanas.

Hacia adelante y hacia arriba, ciertamente.

Una frase para recordar al comenzar el día de hoy: ——— | | | • | | |

Los testimonios son herramientas poderosas contra el enemigo.

POR LA NOCHE

¿Sabes qué es lo difícil acerca de estar herida y decidir sanar? La vida continúa. ¿Sabes qué es lo bueno de estar herida y decidir sanar? La vida continúa.

Porque eso es lo que la vida siempre hace.

El mundo no ha dejado de girar.

Y tu mundo no se ha reducido a esta dura realidad que experimentas. Fuiste creada para algo más que esta difícil relación o experiencia que te define. Hay mucho más que descubrir y revelar.

Tienes que volver a recordar lo grande que es el mundo. Y lo capaz que es nuestro Dios que lo creó.

Todavía hay gente maravillosa que conocer. Todavía hay personas que merecen ayuda. Todavía hay almas honestas, tanto jóvenes como mayores. Haz una lista de deseos. Haz una lista de cancelaciones. Haz una lista de canciones para bailar.

Sal a la calle y levanta tu vista al cielo. No se está cayendo. Quizá tu mundo no se esté desmoronando.

Tal vez esté volviendo a reconstruirse.

Hace poco, escribí un poema en mi diario. Necesitaba un cierre que sabía que nunca podría obtener de la persona que me hizo daño. (Nota al margen: cuando era pequeña, volvía loca a mi mamá escribiendo constantemente poemas y canciones *country*. Solía pararme junto a la chimenea y le rogaba que fuera mi público mientras recitaba mis poemas escritos en papel de pergamino con los bordes quemados. ¿Por qué siempre quemaba los bordes? ¿Quién sabe? Bueno...).

Esto es lo que escribí:

Caí.
Caí en las redes del amor.
Caí en tus brazos.
Caí con fuerza.
Caí por quien pensaba que eras.
Caí por creer que estábamos destinados a estar juntos.
Caí por anular mi discernimiento.
Caí por las mentiras.
Caí hecha pedazos.
Caí en la falsa esperanza.
Caí hecha pedazos otra vez.
Caí con fuerza.

Caí en mi lugar.
Caímos juntos.
Y entonces dejé de caer y empecé a levantarme.

Todos tenemos que tomar la decisión de vivir una mentira o vivir plenamente. Descansa esta noche, hermosa amiga. Porque mañana, es hora de levantarse.

Juntas. Amén.

ALGO PARA ENTREGARLE A DIOS HOY:

_____

_____

UNA ORACIÓN PARA DECLARAR ANTES DE DORMIR:

Señor, gracias por todas las formas en que te mueves en mi vida. Gracias por ayudarme a procesar, reflexionar, avanzar y sanar. No importa lo que esté procesando del pasado o lo que se me presente en el futuro, gracias por ser mi guía y mi fortaleza. Sé que voy a superar cualquier obstáculo porque te tengo a ti. Ayúdame a seguir siendo una fuente de aliento para otras que caminan a través de sus propios procesos de sanidad. En el nombre de Jesús, amén.

Lugares a los que puedes acudir cuando necesites ayuda

Querida amiga:

Espero que este libro devocional te haya brindado ánimo en medio de lo que sea que estés enfrentando en este momento. No obstante, para algunas puede ser solo el punto de partida para la sanidad. No soy una consejera licenciada y este libro no sustituye la terapia, pero por favor, confórtate sabiendo que hay muchos terapeutas que están preparados y dispuestos a ayudarte a navegar por cualquier situación que necesites procesar. Yo me he beneficiado de la ayuda de un consejero cristiano licenciado, y estoy muy agradecida por su orientación. Si necesitas encontrar un consejero cristiano profesional en tu zona, la Asociación Americana de Consejeros Cristianos tiene una lista de recomendaciones en su sitio web en aacc.net. Tu iglesia también puede tener una lista de consejeros cristianos de confianza que puedan recomendarte.

También me gustaría invitarte a sintonizar el pódcast *Therapy & Theology*. Durante estos episodios, me reúno con mi consejero personal Jim Cress y el director de Teología e Investigación de los Ministerios Proverbios 31, el Dr. Joel Muddamalle, para ayudarte a trabajar en lo que estás atravesando. Juntos, hablaremos de los problemas reales que estás experimentando en tu vida y tus relaciones y te ayudaremos a avanzar. Puedes encontrar todos estos episodios en therapyandtheologypodcast.com.

Oro por ti, amiga.

Con mucho amor.

Acerca de la autora

Crédito: Meshali Mitchell

LYSA TERKEURST es presidenta de los Ministerios Proverbios 31 y autora de más de veinticinco libros, entre ellos *No debería ser así* y también *Perdona lo que no puedes olvidar* y *Sin invitación*, ambos éxitos de ventas según el *New York Times*. Sin embargo, para quienes la conocen mejor es una mujer sencilla con una Biblia bien gastada que proclama la esperanza en medio de los buenos tiempos y las realidades desgarradoras.

Lysa vive con su familia en Charlotte, Carolina del Norte. Conéctate con ella a diario, conoce en qué está trabajando ahora y sigue su agenda de conferencias:

Sitio web: www.LysaTerKeurst.com
(Haz clic en «events» para preguntar sobre la posibilidad de que Lysa hable en tu evento).
www.Proverbs31.org
Facebook: www.Facebook.com/OfficialLysa
Instagram: @LysaTerKeurst
Twitter: @LysaTerKeurst

Notas

Día 2: Vivir con el misterio

1. Karen Plum, «Unlocking Psychological Safety», Advanced Workplace Associates, 6 julio 2020, https://www.advanced-workplace.com/unlocking-psychological-safety/

Día 40: No me gusta que me tomen por sorpresa

1. Oxford University Press, Lexico, s. v. «steady» [firme], 14 julio 2021, http://www.lexico.com/definition/steady.

2. Oxford University Press, Lexico, s. v. «unsteady» [Inestable], 14 julio 2021, http://www.lexico.com/definition/unsteady.

Día 44: Considera la fuente

1. Dictionary.com, basado en el *Random House Unabridged Dictionary* (Nueva York: Random House, 2022), s. v. «folly» [necedad], http://www.dictionary.com/browse/folly.

2. «How the Brain Takes Criticism», CBS News, 2 marzo 2014, http://www.cbsnews.com/news/how-the-brain-takes-criticism.

Día 45: Aliento para un corazón afligido

1. Rodrigues, A. M. (2014). *Atonement*. D. Mangum, D. R. Brown, R. Klippenstein y R. Hurst (Eds.), *Lexham Theological Wordbook*. Bellingham, WA: Lexham Press.

2. Donald Guthrie, *Hebrews, Tyndale New Testament Commentaries* (Downers Grove, IL: InterVarsity Press, 2015), p. 96.

3. J. H. Merle D'Aubigné, *History of the Great Reformation of the Sixteenth Century in Germany, Switzerland*, trad. H. White, vol. 4 (Nueva York: Robert Carter, 1846), p. 183.

Día 48: El poder para vivir las Escrituras aun cuando parece imposible

1. Walter Grundmann, «Δύναμαι, Δυνατός, Δυνατέω, Ἀδύνατος, Ἀδυνατέω, Δύναμις, Δυνάστης, Δυναμόω, Ἐνδυναμόω», ed. Gerhard Kittel, Geoffrey W. Bromiley y Gerhard Friedrich, *Theological Dictionary of the New Testament* (Grand Rapids, MI: Eerdmans, 1964), p. 284.

¿Qué es lo siguiente que debo leer de Lysa?

*Límites saludables, despedidas
necesarias: Ama a los demás
sin perder lo mejor de ti.*

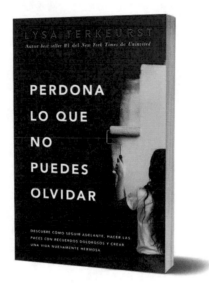

Perdona lo que no puees olvidar:
Descubre cómo seguir adelante,
hacer las paces con recuerdos
dolorosos y crear una vida
nuevamente hermosa.